MARCO POLO

Camper Guide

Korsika

Insider-Tipps

Für deine Wohnmobil-Touren

in Zusammenarbeit mit

Timo Lutz

Inhalt

Das Beste zuerst

 Insider-Tipp

Serviceangaben

Parkplatz

Fototipp

Hunde willkommen

kinderfreundlich

schöne Lage

€–€€€ Preiskategorien

Planen – Packen – Losfahren

Hol dir den Soundtrack zum Urlaub auf **Spotify** unter **MARCO POLO France**

Die besten Touren auf Korsika

MARCO POLO Digitale Extras

TOUREN-DOWNLOAD

Alle Touren aus diesem Band als gpx-Download zur einfachen Orientierung

marcopolo.de/camper-guide/korsika

Trendziele, Inspiration und aktuelle Infos findest du auf **marcopolo.de**

Du findest uns auch auf Instagram und Facebook!

PLAYLIST ZUM ROADTRIP

Den Soundtrack für deinen Urlaub gibt's auf Spotify unter MARCO POLO France

Code mit Spotify-App scannen

Alle Infos zum digitalen Angebot unter **marcopolo.de/app**

Best of Campingplätze

KARIBISCH?

Nein – korsisch! Der Camping San Damiano erfüllt alle Ansprüche an einen Urlaub im Garten Eden.

1 *Die schönste Waldanlage*

So schön kannst du im Wald stehen! Und rund um deinen Stellplatz auf dem **Camping Funtana a L'Ora** kannst du dir dein eigenes Paradies zusammenbasteln – zwischen die Trockenmauern und Steineichen passt garantiert auch deine Hängematte! Einer der entspanntesten Plätze der Insel. Wanderwege, Flussbadestellen und der kleine Hafen von Porto liegen gleich um die Ecke. ▶ S. 81

2 DAS FAMILIENPARADIES

Während Mama zum Tagesbeginn am Meer die aufgehende Sonne begrüßt, ist Papa schon auf Rennradtour rund um den größten Lagunensee der Insel. Und wenn die Kids im Campingwagen aufgewacht sind (der steht idealerweise direkt am Strand vor Mamas Yogamatte), können sie die Poolanlage und den Abenteuerspielplatz des **Camping San Damiano** unsicher machen. Und dann ab an den Endlosstrand! ▶ S. 37

3 Für nachhaltige Wasserspaßfans

Wer sagt eigentlich, dass ein Rutschenparadies ein Schwimmbad braucht? Ganz ohne Chlor und Badebecken kommt das Spaßbad an der Flussbadestelle am Rizzanese aus. Der Bauernhofplatz **Camping à la ferme La Rivière** bietet echt ressourcenschonende Unterhaltung für die Kids, während die Eltern von der Strandliege aus zuschauen. ▶ S. 133

4 Für Nackedeis

Korsika ist auch ein FKK-Paradies und südöstlich von Porto-Vecchio hat die Freikörperkultur eine besonders lange Tradition. Im Village Naturiste **La Chiappa** ist alles so, wie es freikörperkulturmäßig sein sollte: tiefenentspannte Atmosphäre, familien- und haustieraffines, superfreundliches Personal. Viele kommen seit Generationen her. ▶ S. 125

5 DER EINSAMSTE PLATZ DER INSEL

Eigentlich dürfte man diesen Campingplatz schon allein wegen seiner abenteuerlichen Anfahrt nicht empfehlen! Aber dann wäre es wohl auch nicht so einsam und ursprünglich in **U Paradisu,** hier, am gefühlten korsischen Ende der Welt. Und weil nach einem Endlostraumstrandtag keiner Lust zu kochen hat, gibt's abends an der großen Tafel ein gemeinsames Abendessen für jeden, der Lust auf Gesellschaft hat! Wie es sich für ein Paradies gehört, ist die Ausstattung ziemlich basic, aber wer einmal den Weg hierher gefunden hat, will nicht so schnell wieder weg – denn da muss man die Straße ja auch wieder zurück. ▶ S. 45

Entdecke Korsika

ÜBER STOCK UND STEIN

Mach dich auf den Weg und erkunde die engen, steilen Gassen von Sant'Antonio in den korsischen Bergen.

Wenn man generell über Inseln spricht, werden schnell Superlative wie „traumhaft" oder „romantisch schön" bemüht – und tatsächlich trifft das auf Korsika tatsächlich zu! Die Griechen nannten das Gebirge im Meer vor langer Zeit „Kalliste" (Korsika) – „die Schöne". Schon vom Mittelmeer aus soll der berühmteste Sohn der Île de Beauté, Napoléon Bonaparte, seine geliebt-gehasste Heimatinsel am betörenden Duft der Strohblume erkannt haben, und wenn du mit der Fähre nach Korsika übersetzt, erkennst du sie schon von Weitem: die bombastischen Riesengebirge, die aus dem Mittelmeer wachsen und zu deren Füßen sich eine Traumbucht an die andere reiht.

DIE KORSEN UND IHR KAISER

Auch wenn man in Ajaccio angesichts der unzähligen heroischen Statuen, die die großen Plätze der Stadt dominieren, einen anderen Eindruck gewinnt: Die Korsen haben ein sehr gespaltenes Verhältnis zu Napoléon Bonaparte, dem berühmtesten Korsen der Welt und ersten Kaiser Frankreichs. Während sein Vater Charles noch korsischer Widerstandskämpfer und Sekretär des Volkshelden Pascal Paoli war, ging sein 1769 in Ajaccio geborener Zögling ganz andere Wege: Unter seiner Herrschaft verleibte sich Frankreich die Insel endgültig ein. Auch wenn er sich kaum für Korsika interessierte und in den 15 Jahren seiner Herrschaft kein einziges Mal in seiner alten Heimat vorbeischaute, wird trotzdem einmal im Jahr sein Geburtstag gefeiert: Am 15. August mit Feuerwerken und einer historischen Kostümparade. Und zwar in Ajaccio. Zumindest ernannte man die Stadt unter ihm zur Hauptstadt der Insel und nicht Bastia.

Berge und Badegumpen

Im Mittelmeer urlauben und im Fluss planschen? Auf Korsika Pflicht! Die Berge der Insel sind zu vielseitig, um links liegengelassen zu werden und gerade mit Kids sind die Sprungfelsen, Naturrutschen und Sturzbäche eine tolle Abwechslung zum Burgenbauen am Badestrand. Dazu musst du nur wenige Kilometer ins Inland fahren!

Partypeople prosten an der Küste

Ausgehen in Albertacce? Fehlanzeige! Wenn du feiern willst, musst du an die Küste. Am besten nach Bastia, wo sich auch die meisten Korsen zu Kaffeeklatsch und Cocktailparty treffen. Mondän feierst du in Saint-Florent und Calvi. Die besten Beats beben im Via Notte bei Porto-Vecchio. Doch die wahrscheinlich coolsten Feste finden auf den großen Campingplätzen an der Küste statt – und die Nachtruhe wird trotzdem respektvoll eingehalten.

Der einzige König von Korsika ist Kölner

Ein schön schlauer Geheimrat war er, der Baron Theodor von Neuhoff, der sich mit diplomatischem Geschick an die Spitze der korsischen Unabhängigkeitsbewegung hochverhandelte. In einer Zeit, als Genua mit Österreich und später mit Frankreich um die Insel stritt. Schnell gewann er die Sympathie des Inselvolks, das selbst untereinander mächtig Knatsch hatte und den Westfalen als Kompromisskandidaten kurzerhand zum König der Insel kürte. Samt einer modernen Verfassung mit konstitutioneller Monarchie. Ein echtes Alleinstellungsmerkmal in der Zeit der absolutistischen Herrscher in Europa. König Theodor I. residierte im Bischofspalast von Cervione, allerdings nur neun Monate, dann gewann Genua wieder Oberhand über die Insel.

AUF EINEN BLICK

349.269

Einwohner auf Korsika

[Hansestadt Bremen: 680.000]

184 *Campingplätze*

[ein Drittel des korsischen Bruttoinlandsprodukts erwirtschaftet der Tourismus]

8722 km²

Fläche Korsikas

[Fläche Thüringen 16.202 km²]

Höchster Berg

Monte Cinto 2706 m

[insgesamt zählt man auf Korsika 14 Zweitausender]

42 m

TIEF IST DER CAPITELLOSEE BEI CORTE; ACHT MONATE IM JAHR IST ER ZUGEFROREN

1200 kg

BLÜTEN DER ITALIENISCHEN STROHBLUME

benötigt man für die Produktion von 1 l ätherischem Immortelle-Öl

34 %

DES STROMS AUF KORSIKA WIRD AUS ERNEUERBAREN ENERGIEN GEWONNEN

[einen Teil ihres Stroms bezieht die Insel aus Italien]

81 %

weniger klimaschädigende Stoffe produzieren die halbwilden korsischen Hausschweine im Vergleich zu Tieren aus konventioneller Haltung

445 Jahre

WAR KORSIKA GENUESISCH DOMINIERT (1284–1729)

BEIM FUSSBALL SCHLÄGT DAS HERZ FÜR ITALIEN

Wenn Frankreich im WM- oder EM-Sommer alle zwei Jahre wieder dem großen Runden hinterherrennt, wirst du auf Korsika kaum einen Torjubel hören. Denn das Fußballherz der Korsen schlägt für Italien – da hat die lange pisanisch-genuesische Zeit der Insel ziemlich tiefe Spuren hinterlassen!

Bombenstimmung

Vor allem in den 1970er-Jahren machten die korsischen Separatisten mit Gewalttaten von sich reden. Doch die Zeiten haben sich geändert: 2014 hat sich die korsische Terrororganisation Frontu di Liberazione Naziunalista Corsu (FLNC) aufgelöst. Die Autonomiebewegung Pè a Corsica gewann 2015 die Regionalwahlen mit absoluter Mehrheit und wurde bereits einmal wiedergewählt. Touristen waren von den politischen Machtkämpfen kaum betroffen.

Alles Korsisch oder was?

Französisch dominiert den Inselalltag, doch die Korsen sind stolz auf ihre eigene Sprache. Wird hier noch schnell Sprachpolitik betrieben, bevor es auf die Wildschweinjagd geht? Fast kein Ortsschild, an dem der französische Name nicht mit einem Schrotgewehr durchschossen wurde. Tatsächlich gibt es eine lebendige korsische Sprachkultur in Presse, Literatur und Musik, auch wenn die Sprache erst 1972 anerkannt wurde und es keine einheitliche Schriftsprache gibt. Die Nähe zum Italienischen ist vor allem im Dialekt an der Ostküste unverkennbar. Wenn du in dein Schulfranzösisch ein *bonghjornu* statt *bonjour* und *grazie* statt *merci* mischst, grüßt man dich beim nächsten Mal ganz bestimmt mit einem korsischen *ciau*. Ein praktischer Nebeneffekt des Tourismus ist, dass viele Korsen ganz gut Englisch, manchmal sogar Deutsch können.

SCHILDERWALD

Fast alle Orts- und Flurnamen haben eine französische und eine korsische Bezeichnung.

Essen & Trinken

MUSCHEL SPEZIAL

Moules à la bonifaciennes – Bonifacio wartet mit einer eigenen Muschelzubereitung auf.

Die korsische Küche ist deftig-würzig und vor allem für ihre einfachen Fleischgerichte bekannt, hinzu kommen seit Mitte des 20. Jahrhunderts frischer Fisch, gegrillt oder gebraten mit Maquiskräuter-Kick. Außerdem Langusten am Cap Corse und Austern aus Aléria, in den Bergen Forellen. Traditionell ist die Korsikaküche aber von Arme-Leute-Essen wie Suppen und Hülsenfrüchten geprägt. Die *soupe corse* ist eine dicke, deftige Gemüsesuppe aus allem, was der Garten hergibt, mit Olivenöl verfeinert und über altes Brot gegossen. Hochwertige korsische Lebensmittel findest du übrigens auch in allen großen Supermärkten der Insel!

Ziemlich süße Angelegenheiten

Konfitüren und Marmeladen aus Korsika gibt es in allen Geschmacksrichtungen. Neben den Klassikern musst du unbedingt die korsische *Confiture de clémentines* probieren. Aber auch Zitronatzitronen *(cédrat)*, eine süßlich-aromatische, kernlose Zitrusfrucht taugt als lecker-süßer Brotaufstrich. Die beliebte Marmelade aus der Feigenfrucht *(figue)* streicht man nicht nur aufs Brot, sondern reicht sie auch zu würzigem Käse. Die Variante mit Walnüssen – *Confiture de figues aux noix* – ist ein echter Gaumenschmaus, genau wie die *Confiture d'arbouse* aus den roten Früchten des Erdbeerbaums. Die korsische Schoko-Nuss-Crème *Nuciola* kommt aus dem ostkorsischen Cervione, wo der Haselstrauch von ein paar Bergbauernfamilien angepflanzt wird. Keks als Creme? Der Plombenzieher *Pâte à tartiner au Canistrelli* aus Afa ist supersüß und einfach lecker!

Korsischer Wein muss sein!

Korsika bietet das passende Klima und beste Bodenbedingungen für qualitativ hochwertigen Wein. Der korsische Winzer profitiert vom warmen Wetter, den vielen Sonnentagen und dem trockenen Mistralwind. Immerhin scheint in Ajaccio mit 1000 Stunden im Jahr die Sonne häufiger als im Bordeaux! Der klassische *Sciaccarellu* besitzt ein raffiniert pfeffriges Aroma, der *Niellucciu* (im Stammland Italien heißt er *Sangiovese*) wächst vornehmlich in der Bio-Weinregion Nebbiolo und schmeckt nach Veilchen, Gewürzen und Aprikosen. Der hochwertige weiße *Vermentinu* hat ein stark blumiges Bukett sowie einen Mandel-Apfel-Nachgeschmack und ist auch die Basis für kräftig-sommerliche Roséweine. Perfekt für das Camperkino am Abend, aber bitte nur eisgekühlt! Die breite Palette korsischer Qualitätsweine findest du unter neun regionalen Ursprungsbezeichnungen „Appellation d'Origine Contrôlée" (abgekürzt A.O.C.).

HAUTE CUISINE VERSUS PIZZA UND PASTA

Essen wie Gott in Frankreich oder Cucina all'italiana? Der kulinarische Einfluss vom nahen italienischen Stiefel ist auf Korsika kaum zu verkennen – vor allem in den Urlauberregionen und touristenfreundlichen Restaurants, wo Pasta *(pâtes)* auf keiner Menükarte fehlen darf. Und ohne Pizza geht der Korse nie ins Bett – die Teigfladen gibt es wirklich in jedem Campingplatzrestaurant, am Straßenrand, am Strand und am mobilen Holzofenpizzastand.

Restaurant oder Snackbar

Einfach, aber raffiniert! Die korsischen Straßenrestaurants und Bistros haben fast immer eine fantastische Wurst- und Käseplatte *(assiette de charcuterie et fromages corses)* zu bieten! Im Restaurant wird das Essen in drei Gängen zelebriert. 10 Prozent Trinkgeld kommt auf den Klemmteller mit der Rechnung.

MENÜKARTE

Vorspeise

Figatelli – Wurst aus Schweineleber, oft warm serviert

Aubergines à la bonifacienne – mit Tomme- und Brocciukäse überbackene Auberginenhälften

Getränke

Myrte oder murtellina – Dessertlikör aus Myrthenbeeren

Casanis – korsischer Pastis

Cap Corse – süßer Aperitif aus Rotwein, Chinin und Kräutern

Desserts

Flan à la châtaigne – Kastanien-Flan-Creme

Beignets au brocciu – frittierte Teigbällchen mit Brocciukäse

Cacavellu – süßer Teigring mit Ei, Olivenöl und Orangenschalen, typisches Ostergebäck aus der Region Vico

Erster Gang

Cannelonis au brocciu – mit Frischkäse gefüllte Nudelrollen mit Tomatensauce

Storzapretti à la bastiaise – Mangold-Brocciu-Bällchen mit Käse und Tomatensauce

Azziminu di Capicorsu – Fisch-, Meeresfrüchte und Hummerragout, typisch am Cap Corse

Zweiter Gang

Stufatu – Eintopf aus Rindfleisch oder Wildschwein mit Maquiskräutern verfeinert

Sauté de veau aux olives vertes – Kalbsgulasch mit Oliven

Polpetti in salsa rossa – in Rotwein- und Tomatensugo gekochte, gemischte Hackfleischbällchen mit Kräutern

Ragout d'agneau a l'istrettu – Zickleinragout mit Weißwein, Oliven und Kapern

Les tripettes corses – korsische Kuttelsuppe

Alles Wurst ...

In in den Steineichenwäldern der Insel fühlen sich halbwilde Schweine sauwohl. Daher lieben die Korsen die Wurst aus dem *porcu nustrale*. Die *charcuterie corse* umfasst kräftige korsische Wurstwaren wie *lonzu* (magerer, in Pfeffer und Kräutern gerollter Lendenaufschnitt), *coppa* (Kamm), *prisuttu* (roher, luftgetrockneter Schinken) oder *terrine de sanglier* (Wildschweinpastete).

... DANN DOCH LIEBER KÄSE

Auf Korsika werden Unmengen Rohmilchkäse produziert! Und der ist besonders würzig, da Kühe, Ziegen und Schafe an der Maquis knabbern: Thymian, Majoran, Rosmarin und Myrte geben der Milch den Extrakick! Typisch korsisch ist neben dem Ziegen- oder Schafskäse der *brocciu*. Er wird als Füllung für Omelettes, Ravioli, Beignets (Krapfen) und Tartes verwendet oder landet im saftigen Käsekuchen *fiadone*.

Kastanie – echt edel

Kulinarisches Symbol Korsikas ist die *pulenta*, ein Brei aus Kastanienmehl und Wasser, zu dem gern gegrillte *figatellu* (Wildschweinleber) gereicht wird. Es waren die genuesischen Hausherren, die den korsischen Bauern 1584 die systematische Anpflanzung von Nutzbäumen befahlen. So bedeckte die Edelkastanie einst 70 Prozent der Fläche der Castagniccia im Osten der Insel, wo auch heute noch jedes Haus einen Trockenboden für die Maronen besitzt. Durch Zusatz von Kastanienmehl vor der Gärung hat Braumeister Dominique Sialelli Mitte der 1990er-Jahre das erste rein korsische Bier gebraut: das Pietra, das den Namen des Heimatorts des Brauers trägt. Aus Kastanienmehl werden aber auch gerne Kuchen und andere Desserts zubereitet – für die Korsen vorwiegend im Winter, für Urlauber auch im Sommer!

WILDE WURST

Die Korsen stehen auf Schinken, Wurst und Rauchfleisch von ihren halbwilden Hausschweinen.

Trend- & Funsport

BEST BERG-VIEW

Atemberaubende Blicke eröffnen sich in schwindelerregender Höhe auf den Wanderwegen zum Capu d'Ortu in den Calanches ...

Mountain- & E-biken

Wenn es an der Küste zu heiß zum Treten ist, kannst du die Batterien deines E-Bikes in den schattigen Bergkurven an die Leistungsspitze bringen! Für Mountainbiker sind verblockte Singletrails mit größeren Felsbrocken und kniffligen Wurzelpassagen eher die Regel als die Ausnahme. Super Coastal Trails gibt es zum Beispiel bei Bonifacio vom Camping de la Trinité zum Capo di Feno, rund um Revallata bei Calvi sowie an der Küstenstrecke von Saint-Florent nach Saleccia.

Schluchteln & Canyoning

Fast 70 verschiedene Canyons gibt es auf Korsika: Von der einfachen Durchwanderung mit Rutschpartien bis hin zu technisch anspruchsvollen Schluchten mit hohen Sprüngen, für die du Ausdauer und Courage brauchst. Beste Bedingungen herrschen zwischen Zonza und Solenzara, weniger bekannt sind der Canyon de la Richiusa bei Bocognano, Verghellu im Vecchiotal bei Corte und Zoicu bei Vico. Landschaftlich besonders spektakulär ist die Dardoschlucht in den Calanches de Piana, die bis zum Meer führt.

Fernwandern

Noch viel mehr als ein Camperparadies ist Korsika ein Eldorado für Wanderer und Zeltplatzfans – denn in die schönsten Täler, zu den einsamsten Wasserfällen und den spektakulärsten Fernblicken kommst du nur zu Fuß! Fast schon mystisch ist der GR 20: Der Weitwanderweg zieht sich von Calenzana im Nordwesten über den Gebirgsrücken der Insel bis nach Porto-Vecchio im Südosten. Allerdings schaffen nur wenige Trekkingfreaks die 17 Tagesetappen zählende Tour, die als eine der härtesten Fernwanderwege Frankreichs gilt. Aber unterwegs gibt es zahlreiche Ein- und Ausstiegsstrecken, sodass du auch nur für wenige Tage Fernwanderwegsluft schnuppern kannst. Das geht auch auf den weniger anspruchsvollen drei Mare-a-mare-Routen von Ost nach West und den Berg- und Küstenstrecken Mare e Monti.

Surfen & Wasserspiele

Des einen Freud ist des anderen Leid: Wenn dir der *U Maestrale* aus Nordwest fast das Vorzelt wegreißt, zieht es Bretterfans aufs Wasser. Mehr als 150 Tage im Jahr gibt es auf den Bouches de Bonifacio Böen mit 60 bis 80 Stundenkilometern und längst kein Geheimtipp mehr sind die Bucht von Santa Manza und die Strände von Piantarella (zwischen Porto-Vecchio und Bonifacio). In der Balagne am langen Sandstrand von Algajola ist es eher familienfreundlich und rund um Saint-Florent, wo ablandige Winde, die aus dem Nebbiogebirge auf die Küste wehen, eher anspruchsvoll. Fans von großem Shorebreak und Off-Winden kommen vor der Ostküste zwischen Moriani-Plage und Ghisonaccia auf ihre Kosten. Seekajakfans finden an der Westküste und zwischen Bonifacio und Porto-Vecchio beste Bedingungen.

BEST SEA-VIEW

... oder vom Kajak aus, wenn man über das glasklare Wasser gleitet.

Die besten Touren auf Korsika

PARKBUCHT GESUCHT

Parkbucht gefunden! Glückssache auf den engen Straßen durch die eindrucksvolle Felsenwelt der Calanches de Piana.

Alle Touren im Überblick

Von Bastia über Porto nach Belgodère **B**

Durch einsame Wüsten, fruchtbare Gärten und das korsische Hochgebirge
Seite 55

Von Porto über Ajaccio quer durch die Insel nach Aléria **C**

Atemberaubende Landschaften, mondäne Ministädte und Indian Summer im Herzen der Insel
Seite 87

Mer Méditerranée

40 km

Ums windig-bergige Cap Corse kurven und an den Traumstränden der Ostküste entspannen
Seite 23
Mer Ligurienne
A
Von Bastia ums Cap Corse nach Aléria
Bastia
Belgodère
Mer
Tyrrhénienne
Porto
Aléria
E
Durch die Inselmitte von Bastia nach Solenzara
Einmaliges Outdoor-erlebnis im rauen Hochgebirge
Seite 135
AJACCIO
Solenzara
Bonifacio
D
Von Solenzara über Bonifacio bis Ajaccio
Von Wind, Vendetta und weiten Landschaften – unverzichtbare Tour um die Südspitze Korsikas
Seite 111

GUMPENGLÜCK

Im türkisklaren Wasserlauf von Purcaraccia kannst du von Bassin zu Bassin rutschen, waten, laufen.

Kurvige Nordspitze und gechillte Ostküste

Von Bastia ums Cap Corse nach Aléria

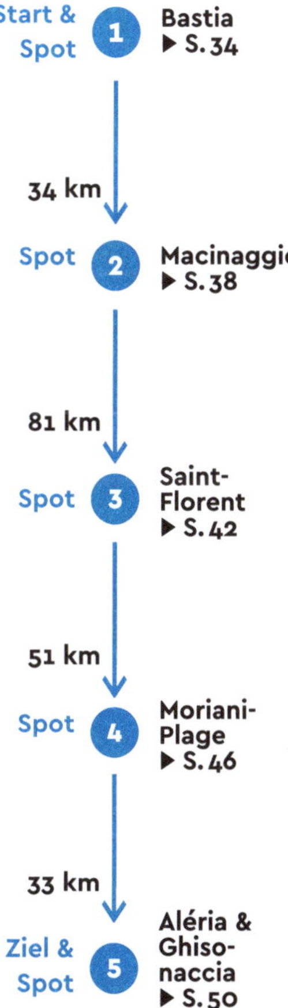

Raus aus Bastia und einmal rund um das windige, bergige und kurvige Kap von Korsika! Im Vergleich dazu ist die Bergstrecke von Saint-Florent zurück an die Ostküste schon fast eine Strecke für Sonntagsfahrer. Völlig entspannt, aber mit viel Verkehr cruist du anschließend die endlos lange Ostküste entlang, an der immer wieder Stichstraßen an die kilometerlangen Sandstrände führen. Hier ist der ideale Ort für Langzeitcamper und Familienferien in komfortablen Campingclubs. In den Bergen kannst du außerdem gumpenbaden, schluchtenklettern und Kanu fahren.

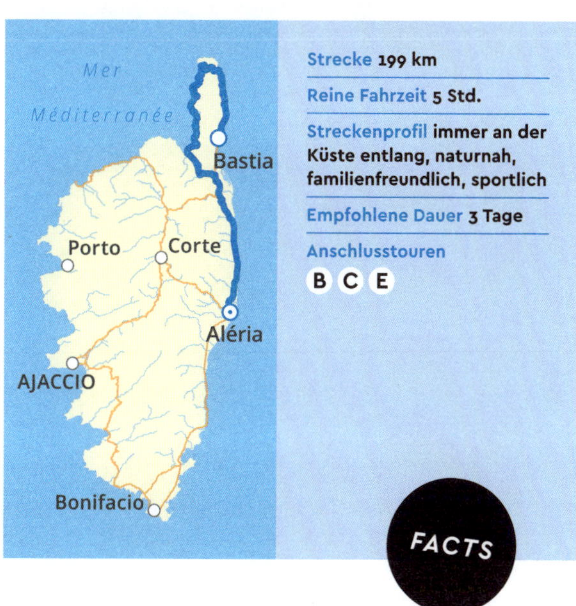

Tour A im Überblick

Mer Méditerranée

Tour-Highlights

In *Linguizetta* an der Ostküste mit Kind und Kegel urlauben oder wie Gott dich schuf ▶ **S. 33**

Beim Stadtbummel durch *Bastia* Korsikas lebendigste Stadt entdecken ▶ **S. 35**

In *Centuri* Frankreichs beste Langusten probieren ▶ **S. 40**

Flaschensammeln auf der *Domaine Santamaria* im Nebbio – wer hier nicht mit einem guten Tropfen nach Hause fährt, ist selbst schuld! ▶ **S. 44**

Am *Purcaraccia* durch tiefe Schluchten wandern und in spektakulären Badegumpen planschen ▶ **S. 51**

10 km

Mar Ligure
Parco Nazionale
dell'Arcipelago
Toscano
Moulin Mattei
2
Macinaggio
Seite 38
Luri
Parc naturel
marin du
Cap Corse
et de l'Agriate
Sisco
Nonza
Santa-
Maria-
di-Lota
Erbalunga
Golfe de
St.-Florent
1
Bastia
Seite 34
Saint-Florent
Seite 42
3
Oletta
Biguglia
Étang de
Biguglia
Mer
Tyrrhénienne
T 11
Pietralba
Vescovato
Ponte
Leccia
Asco
4
Moriani-Plage
Seite 46
Cervione
Corscia
Corte
Parc naturel
régional
de Corse
Linguizetta
Étang de
Diane
Aléria und Ghisonaccia
Seite 50
5
Étang d´Urbino

A Tourenverlauf

Bastia
Wirtschaftsmetropole der Insel ▶ **S. 34**

Optionaler Anschluss: Tour B, Tour E

10 km Von Bastia Richtung Norden! Aus der Korsika-Metropole heraus führt dich die D80/80A, unübersehbar mit Cap Corse ausgeschildert, am Fährhafenterminal vorbei. Am besten einfach immer auf der rechten Spur halten, dann kannst du es nicht verfehlen! Über die Viale Pascal Lota und vorbei am Yachthafen Toga geht es auf der Route de Cap direkt am Meer entlang Richtung Cap Corse. Zur Linken ziehen sich die wohlhabenden Vorstadtviertel von Bastia in engen Straßen den Berg hinauf. Leider bleibt die Aussicht auf die Küste deinem Beifahrer vorbehalten, denn auf der Route herrscht immer Verkehr und es gibt nur wenige Haltepunkte. Auch die Parkplatzsuche ist ein echtes Glücksspiel, da zu allem Camperunglück auch noch Höhenbeschränkungen die Stellplatzsucher abschrecken sollen. Erster entspannter Camperhalt ist deswegen das ehemalige Fischerdorf Erbalunga.

Erbalunga

Kunst, Kitsch, Kommerz und Charakter ganz nah beieinander: Das Fischerdorf ist so pittoresk, dass es seit dem 19. Jh. unzählige Landschaftsmaler zu romantischen Bildmotiven inspirierte. Nach einem Spaziergang durch die engen Gassen musst du dir ein Käffchen gönnen, zum Beispiel im antik-schicken **Cafe ind' è noi** *(Erbalunga | Tel. 06 24 30 52 99 | keine Website | €€€ | GPS 42.77395, 9.47542)* oder du füllst den Camperkühlschrank mit den leckeren Quiches der **Boulangerie d'Erbalunga** auf.

Die bunten Häuschen kleben direkt am Wasser über der pechschwarzen Schiefersteinküste, und über den Eingang zum Fischerhafen springt dir der ramponierte Genueserturm vor die Linse.

P *Beste Parkmöglichkeit ist der große Parkplatz am Rathaus (Mairie de Brando), gleich hinter dem Hotel Castel Brando links abbiegen (GPS 42.774915, 9.474249, 1 €/Stunde). Eine weitere, engere Parkmöglichkeit befindet sich am Ortsausgang links (GPS 42.776499, 9.476097). Von dort sind es nur 150 Meter die Hauptstraße entlang bis zum Flachkieselstrand von Erbalunga.*

24 km Die Küstenstraße schlängelt sich zunächst durch das Neubau-Villenviertel Richtung Sisco. Der Ort hat einen großen Kieselstrand, aber recht wenige Parkplätze und ein Camperverbotsschild, aber dafür einen Campingplatz fünf Gehminuten vom Meer: **Camping A Casaiola** *(Marine de Sisco | Tel. 04 95 35 20 10 | € | camping-acasaiola.com | GPS 42.811771, 9.485820)*. Wenn du statt Kieseln lieber Sand unterm Handtuch spürst, dann fahre weiter bis zum nächsten Ort **Pietracorbara** *(Parkplätze bei GPS 42.836448, 9.479837 und 42.839373, 9.479572)* mit seinem schicken Campingplatz **Domaine LP** nur 400 Meter vom Meer *(Marine de Pietracorbara | Tel. 04 95 35 27 49 | la-pietra.com | €€€ | GPS 42.811771, 9.485820)*. Knappe vier Kilometer im Inland liegt der **Hof Ulicetu** von Séverine mit Streichelzoo, Swimmingpool und schattigen Stellplätzen *(Route du Village | Pietracorbara | Tel. 06 85 87 22 84 | ulicetu.corsica | €€ | GPS 42.846435, 9.440535)*. Hinter Sisco wird es einsam an der Küste. Kein Gebäude versperrt den Blick aufs Meer und bei guter Sicht kannst du sogar bis Elba blicken. An einigen Haltebuchten, zum Beispiel kurz vor und kurz hinter dem wuchtigen, kaum zu übersehenden Wachturm von **Tour de l'Osse** hat sogar der Fahrer was vom endlos weiten Meerblick. Nur noch wenig zeugt heute davon, dass an der Ostküste des Cap Corse einst intensiv Landwirtschaft betrieben wurde.

FISCHERIDYLLE

Die erlebt man am Cap Corse in Erbalunga.

KURVENGEGURKE

Das wird garantiert zum größten Hobby auf Korsika, wie auch hier ums Cap Corse.

Einen alten, terrassierten Olivenhain hat Christian Mons Catoni 2005 zu neuem Leben erweckt, das goldgelbe Geschmacksergebnis kannst du in seiner **Domaine Terra di Catoni** schmecken und kaufen *(kurz vor Porticciolo auf der linken Straßenseite | Tel. 06 07 39 76 66 | geöffnet Juni–Sept. | GPS 42.869366, 9.478046 | Parkplätze auf der rechten Seite)*. Vorbei an dem kleinen Fischerdorf **Porticciolo** geht es eng an der Küste entlang nach **Santa Severa** mit seinem Schieferstrand und dem kleinen **Camping Santa Marina** mit Camperservice *(Route littorale du Cap Corse D80 | Santa Severa | Tel. 04 95 35 02 86 | camping-santamarina.com | € | GPS 42.886424, 9.471798)*.

Insider-Tipp

Ab durch die Mitte!

Wenn du das schaukelige Gekurve um die Spitze des Cap Corse abkürzen möchtest, folge der D180 über Luri auf die Westseite.

Über die oft mit Seegras bedeckte **Bucht von Méria** – hier liegt auch der **Camping Aria Marina** mit Meerblick *(Morteta | Méria | Tel.06 17 15 34 10 | camping-ariamarina.com | €€ | GPS 42.905397, 9.466293)* – führt dich die D80 nach Macinaggio.

Spot 

Macinaggio

Die ungezähmt-wilde Nordspitze Korsikas ▶ **S. 38**

12 km In Macinaggio solltest du noch einmal auftanken – mit Treibstoff und Ziegenkäse bei **Sandrine** (▶ S. 40), dann geht's in Richtung der wilden Westseite. Dein immerwährender Begleiter ist die D80. Kaum zu übersehen ist der Aussichtspunkt bei GPS 42.968453, 9.413793 mit seiner genialen Aussicht auf das Fischerdorf **Barcaggio** (▶ S. 40) und dem vorgelagerten Inselchen Giraglia, das das Pünktchen auf das „i" des korsischen Nordkaps setzt. Ebenfalls gut sichtbar ist der Parkplatz zum nächsten Aussichtspunkt an einer alten Windmühle.

Moulin Mattei

Einst standen am Kap von Korsika eine Unzahl dieser Getreidemühlen, heute zerfallen sie von Dickicht überwuchert. Dafür drehen die modernen Nachfolger, eine ganze Armee von Windkraftanlagen, im stürmischen Norden der Insel ihre Kreise. Hier hast du besten Blick auf die Westseite des Cap Corse mit dem Hafen von Centuri an der Küste.

P *GPS 42.973563, 9.366873*

40 km Knappe drei Kilometer weiter auf der D80 geht es sehr scharf rechts ab Richtung **Centuri** (▶ **S. 40**) oder du folgst der D80 Richtung Saint-Florent. Enge Straße, niedrige Mauer, hoch über der Küste: Abenteuerlich und herrlich wild und schön führt dich die Straße die windige Küste entlang. Jetzt tut eine Kaffepause gut, zum Beispiel in dem **Weiler Pino,** wo es auf wenigen Metern zwei Bars, einen Lebensmittelladen mit Tankstelle und einen Frischwasserbrunnen gibt – für Cap-Corse-Verhältnisse schon fast ein Gewerbezentrum! Weiter die spektakuläre Küste entlang kommst du an dem die meiste Zeit des Jahres einsamen, groben Kieselstand **Plage de Giottani** vorbei, an dem du selbst mit dem Womo ganz nah ans Meer herankommst *(Abzweig bei GPS 42.865289, 9.348379 | Parkplätze am kleinen Hafen | die Plätze am Ortseingang haben ein Camperverbotsschild).* Du kennst es schon: Enge Straße, niedrige Mauer, hoch über der Küste. Drängelnde Einheimische oder kurvenverrückte Motorradfahrer besser immer überholen lassen! Rechts am Horizont ist schon die Nordküste der Insel zu erkennen – und links der Straße die alte **Asbestmine von Canarì,** bis 1965 eine der wichtigsten Abbaugebiete Europas. Nur wenige Kilometer weiter wartet der dunkle Flachkieselstrand von **Plage d'Albo.** Hier gibt es einen **Stellplatz** für ein halbes Dutzend Womos mit automatischen Entsorgungsmöglichkeiten. Diese sind zwar oft kaputt, aber dafür kannst du hier problemlos länger stehen *(Wertmarken gibt es im Tabakladen oben im Ort | GPS 42.810417, 9.335935 | keine Website)*. Nur ein paar Kurven weiter und scheinbar endlos weit ist der Plage de Nonza.

Nonza

Das mittelalterliche Bilderbuchstädtchen klammert sich mutig an die Steilküste über dem tiefblauen Meer. Pascal Paoli ließ hier 1758 eine **Festung** aus grünem Schiefergestein bauen, deren mächtiger, eckiger Wachturm noch heute den Ort überragt. Ein gutes Auge hatte der korsische Volksheld, denn der Rundumblick vom Turmvorplatz bis auf die Balagne ist schlichtweg fantastisch! Noch eine Heldin war in Nonza: Die Heilige Julia, die hier der Legende nach den Märtyrertod starb und dadurch zur Schutzheiligen der Insel wurde. Ihr zu Ehren wurde die kleine **Barockkirche** mit ihrer breiten Freitreppe errichtet. Wie auf einer Schiefertafel zeichnen jahrein, jahraus Badefreunde Figuren und Nachrichten auf den schwarzgrauen **Strand.** Besser so – denn Baden in der tiefblauen See ist aufgrund der starken Strömungen in der Bucht oft nicht möglich und mit Kindern gefährlich! Runter zum Strand kommst du am besten von Nonza aus, am Ortseingang weist ein grünes Schild „Les jardins en terrasse" auf eine Treppe mit 260 steilen Stufen hin. Eine Viertelstunde Abstieg und eine gute halbe Stunde für den schweißtreibenden Aufstieg musst du einrechnen.

P *Viel Erfolg bei der Parkplatzsuche entlang der Straße oder auf dem engen Parkplatz bei GPS 42.784079, 9.344760.*

29 km Hinter Nonza läuft die Küstenstraße sanft Richtung Saint-Florent aus und deine Tour um das Cap Corse neigt sich dem Ende entgegen. Unterwegs liegen noch die Kieselbuchten von **Marine de Negro** mit seinem ganz aus flachen Kieseln errichteten Genueserturm und **Farinole** mit seinen zwei Stränden und dem unter Eukalyptus und Steineichen direkt am Meer angelegten **Camping Caravaning A Stella** *(Marine de Farinole | Patrimonio | Tel. 04 95 37 14 37 | campingastella.com | €€ | GPS 42.729560, 9.342791)*. Am Kreisverkehr kurz hinter dem Hotel La Palma verlässt du die D80 und folgst der D81 Richtung Saint-Florent.

Optionaler Anschluss: Tour B

Spot 3

Saint-Florent

Am Wüstenrand – die charmant-schicke Côte d'Azur von Korsika ▶ S. 42

51 km

Du verlässt Saint-Florent auf der D82 Richtung Oletta, vorbei an **Le Potager du Nebbio** (▶ S. 43) und der Abfahrt zur **Domaine Santamaria** (▶ S. 44). Am Kreisverkehr Col de Santo Stefano hast du die Wahl: halsbrecherisch eng oder zweispurig? Am Nordhang des Bevinotals führt die Lancone-Strecke D62, am Südhang die gut ausgebaute und landschaftlich ebenfalls reizvolle D82 Richtung Ostküste.

Insider-Tipp

Hupen nicht vergessen!

*Die Schluchtenstrecke **Défilé de Lancone** klammert sich eng an den Steilhang und ist eine abenteuerliche Alternative für kleine Camper und furchtlose Fahrer.*

Hast du dich für die Südroute entschieden, kannst du im **Le Jardin d'Antoine** bei Fleisch vom Grill oder Sushi zwischenstoppen*(Ponte route du Col de Santo Stefano | Olmeta-di-Tuda | im Sommer tgl.,sonst nur am Wochenende | Tel. 04 95 32 16 67 | Facebook: Restaurant Le Jardin D Antoine | €€€ | GPS 42.593179, 9.363570 | Sonnenliegen kosten extra, keine Hunde erlaubt)*. Das kleine, schicke Restaurant hat sogar eine **Flussbadestelle** zu bieten, an der sich die Kids austoben

DIRETTISSIMA

Direkt aus dem Womo aufs Brett am Camping A Stella bei Farinole.

können. Stromert man den Fluss bergauf und unter der Straßenbrücke hindurch, gibt es sogar eine perfekt erhaltene Genueserbrücke zu entdeckenÜber die D82 rollst du gemächlich und mit bestem Blick auf Elba Richtung Küste hinab und triffst in einem Industriegebiet auf die wichtigste Verkehrsachse der Insel, die T 11, die dich am Flughafen Bastia-Poretta vorbei Richtung Süden führt.

Optionaler Anschluss: Tour E

Immer wieder führen staubige Stichstraßen zum Meer, manche davon enden an einem Campingplatz wie dem einfachen **Camping Europa Beach** direkt am Meer *(Pinarello Plage Route de la mer | Querciolo | Tel. 04 95 36 44 28 | corsicacamping-europabeach.fr/camping-corse/ | € | GPS 42.483943, 9.530529)*. Zumeist schnurgerade führt die autobahnähnliche Schnellstraße durch die flache Schwemmebene der Küste. Bei Arena markiert ein Kreisverkehr das Ende der Schnellfahrstrecke, die fortan auf den Namen T10 hört. Bei Folelli führt der erste Abzweig Richtung **Castagniccia** (▶ S. 47). Ein ganzer Wald an Schildern weist darauf hin, dass man in dieser Region vor allem von Wohnanlagen, Residences und Hotels am Strand lebt. Eine gesunde Mischung aus schicken Anlagen und Campingparadiesen bietet der Straßenort Moriani-Plage.

Spot 

Moriani-Plage

Strand wie Sand am Meer ▶ **S. 46**

19 km Immer weiter Richtung Süden auf der T10, vorbei an den Zufahrten zu den Campingplätzen **Olmello** (▶ S. 49) und **Le Campoloro** (▶ S. 49). Ab und an führen holprige Stichstraßen bis vor ans Meer zu Strandabschnitten, wo dir in der Nebensaison kilometerweise keine Menschenseele begegnet – mit bestem Blick aus dem Wohnmobilfenster auf das Meer. In den großen Shoppingparadiesen von Alistro kannst du dich gut und günstig mit allem eindecken, was das Konsumherz begehrt. Und an den belebten Campingplätzen von Marina de Bravone und Linguizzetta ist Hüllenfallenlassen angesagt – hier befindet sich Korsikas FKK-Paradies.

Linguizetta

Das **FKK-Feriendorf Club Corsicana** bietet Bungalows und ist fest in deutscher Hand, bietet aber ein deutsch-korsisches Restaurant, das auch externen Gästen offensteht *(Restaurant Corsicana | Linguizzetta | Tel. 04 95 38 85 76 | restaurant-corsicana.com | € | GPS 42.224676, 9.552281)*. Gleich daneben liegt der blitzsaubere FKK-Campingplatz **Corsica Natura** *(Linguizzetta | Tel. 04 95 38 91 30 | corsica-natura.com | €€€ | GPS 42.225356, 9.549367)*. Auch die beiden etwas weiter südlich gelegenen Luxus-Camping- und Feriendörfer **Bagheera** mit Clubprogramm und Meerblickstellplätzen *(Bravone | Tel. 04 95 38 80 30 | bagheera.fr | €€€ | GPS 42.214745, 9.550995)* und das vor allem auf Wellness ausgerichtete **Riva Bella** mit Sauna am Strand, Thalasso-Spa und Entschlackungskuren *(Route de Riva Bella | Aléria | Tel. 04 95 38 81 10 | naturisme-rivabella.com | €€€ | GPS 42.161452, 9.552883)* sind ganz auf die Freikörperkultur ausgerichtet.

14 km Immer auf der Hauptstraße T 10 entlang Richtung Aléria und Ghisonaccia.

Ziel & Spot 

Aléria & Ghisonaccia

Baden in Flüssen und an endlosen Stränden ▶ **S. 50**

Optionaler Anschluss: Tour 

Bastia
Wirtschaftsmetropole der Insel

Bastia ist außergewöhnlich, weltoffen und lebenswert. Die Stadt zu Füßen des Pignomassivs ist mit ihren verwinkelten Gassen, historischen Gebäuden, barocken Kirchen nicht nur schön anzuschauen, sondern auch eine höchst lebendige Großstadt mit mehr als 43 000 Einwohnern – für Korsika eine echte Größe! Feiern und Leute beobachten kannst du in Bastia ganz hervorragend in der Unterstadt. Wenn du es ruhiger magst, genieße das Mittelalterflair in der alten Bastion, die dem wirtschaftlichen Zentrum der Insel ihren Namen gegeben hat.

P *Die Parkplatzsuche in Bastia ist für große Camper sportlich. Wenn du direkt am Place Saint-Nicolas (GPS 42.700696, 9.451963) kein Glück hast, kannst du es beim Parking Toga (GPS 42.707679, 9.451978) versuchen. Bullies parken komfortabel oberhalb der Innenstadt im Spaziu Gaudin (GPS 42.695485, 9.447064).*

MULTITASKING

Fischeridylle und Nightlifespot – im alten Fischerhafen von Bastia wird abends richtig gefeiert.

AKTIVITÄTEN & SIGHTSEEING

1 Ins Savoir-vivre eintauchen

Bastia hat einfach Flair! Typisch französisch auf der immens großen **Place Saint Nicolas** – natürlich dürfen riesige Platanen und ein Napoleon-Denkmal nicht fehlen. Mittelalterlich-dunkel ist es in der alten **Bastion.** Lass dich durch die engen, bunten Häuserschluchten der Altstadt treiben und du landest irgendwann am **Alten Hafen** (Port Vieux) mit seinen Fischer- und Schlachbooten und Cafés direkt am Wasser.

2 Am Meer spazieren und dem Stadtgetümmel entfliehen

Promenade in Bastia! Die neue, moderne **Promenade Aldilonga** führt dich direkt vom Alten Hafen unterhalb der Bastion vorbei, die einst als uneinnehmbar galt. Von der schönen Spazierstrecke aus kannst du ganz in Ruhe das Geschehen am Hafen beobachten. Ein echtes Erlebnis ist es, wenn das Meer gegen die steilen Felsen peitscht! Zurück geht's auf demselben Weg, denn die Strecke endet direkt an der Stadtautobahn. ***Infos:*** *Start der Strecke am Ende des Quai Albert Gillio am Südende des Port Vieux*

3 Vor den Toren von Bastia Flamingos spotten

Der größte Lagunensee Korsikas, der **Étang de Biguglia,** ist etwa elf Kilometer lang. Neben den etwa 120 ganzjährig heimischen Vogelarten, Sumpfschildkröten und Eidechsen kommen im Frühjahr ganz besondere Gäste hinzu. Dann stelzen stolze rosarote Flamingos durch die seichten Sumpfwiesen. ***Infos:*** *Bei GPS 42.611179, 9.482196 kannst du zu einer* ***Vogelbeobachtungsstelle*** *spazieren. Am Nordende liegt der Park Fornacina (GPS 42.642999, 9.444061) mit einem kleinen* ***Naturkundemuseum*** *(Écomusée du fortin | wechselnde Öffnungszeiten | 2 €).*

4 Frühromanik in der Einflugschneise

Südlich des Flughafens Bastia ruht die wuchtige **Cathédrale Sainte-Marie-de-l'Assomption de Lucciana.** Das Gotteshaus aus der Pisanerzeit mit der typischen Buntsteinarchitektur allein schon wäre einen Abstecher wert. Gleich dane-

REGENTAG – UND NUN?

5 Nicht aufregen – lieber ins Palastmuseum!

Ein Palast wie eine Burg: Das Wehrgebäude auf der Bastion beherbergte das Gefängnis und das Privatgemach des Statthalters von Genua auf der Insel. Hier kannst du im **Musée de Bastia** in einer umfangreichen stadtgeschichtlichen Sammlung stöbern und Einblicke in das Alltagsleben in Bastia gewinnen. ***Infos:*** *Okt.–April Di–Sa 9–12 u. 14–17, Mai–Sept. Di–So 10–18.30 Uhr, Juli/Aug. auch Mo geöffnet | 5 €, nur Palastgarten 1 €, Kinder bis 10 Jahren gratis | La Citadelle | musee.bastia.corsica*

ben haben die Römer schon 100 v. Chr. eine Garnisonsstadt errichtet. ***Infos:*** *Musée de site archéologique de Mariana | Di–So 10–19 Uhr | Eintritt 7 € | Prince Rainier III de Monaco | lieu-dit Canonica | Lucciana | GPS 42.539414, 9.495471 | musee-mariana.com*

ESSEN & TRINKEN

6 Rue Font Neuve

Eine kleine, schnuckelige Piazza, wie sie im Bilderbuch steht: Unter Platanen serviert die rustikale Brasserie Weine und Antipasti, gleich nebenan das durchgestylte Restaurant leckere Nudeln, Risotti und Fleischgerichte und bei Carmen ein paar Meter weiter feine Tapas. ***Infos:*** *Am Ende der Einkaufsstraße Rue Napoléon | Brasserie Le Robaina | Facebook: Le-Robaina-1432391523714900 | €; Restaurant Nova, Facebook: Café Restaurant Glacier @cafe_nova | €€€; Casa Carmen Restaurant Bar à Tapas | €€*

7 La Rhumerie

Wenn sich vorne am Hafenquai Hafens Vieux Port die Touristen stapeln, ziehen sich die Bastiais in diese Nebenstraße zurück. Dazu gibt's Cocktails, Shots, Tapas und immer einen DJ am Plattenteller. ***Infos:*** *Mo–Sa ab 18 Uhr | Place Galleta | larhumeriebastia.unblog.fr | €*

8 Chez Vincent

Bastias besten Blick hast du auf den Terrassen von Vincent. Hier gibt's korsische Küche, krosse Pizza und knackige Salate, während unter dir im Alten Hafen die Fischerboote und im Fährhafen die Ozeanriesen auslaufen. ***Infos:*** *Rue St Michel 12 | Tel. 04 95 31 62 50| Facebook: chez.vincent.1 | €€ | Terrassenplätze unbedingt telefonisch reservieren!*

RUNDUM-SORGLOS-PAKET

Der Strandplatz von San Damiano ist stadtnah und bietet super Service.

EINKAUFEN

9 Mattei Concept Store

„Cap Corse" ist die bekannteste hochprozentige Korsikaspirituose. Im Stammhaus sind eine Destillerie und Mosterei mit Tante-Emma-Laden im Kolonialstil originalgetreu erhalten. Im Sortiment auch hochwertige Gewürze, Pflegeprodukte und die beste Gin- und Champagnerauswahl der Insel. ***Infos:*** *Mo–So 10–20 Uhr | 15 Bd du Général de Gaulle | mattei-conceptstore.com*

STELL- & CAMPINGPLÄTZE

10 Mit allem Drum und Dran direkt am Strand

Ein toller Platz zum Längerbleiben! Die großzügigen Stellplätze liegen unter Pinien, die besten natürlich direkt am Meer mit genialem Camperkinosonnenaufgang. Dafür musst du aber weit im Voraus reservieren! Das platzeigene Freizeitangebot umfasst unter anderem eine Sprachschule und ein großes Restaurant mit Bar direkt am Strand.

Camping San Damiano

€€ | Lido de la Marana 1075, Biguglia | Tel. 04 95 33 68 02 | campingsandamiano.com
GPS: 42.628877, 9.467135

▶ **Größe:** *300 Stellplätze, Mietunterkünfte: Tiny Houses, Mobilheime und Luxus-Mobilheime*
▶ **Ausstattung:** *Animation, Spielplatz, Supermarkt, Strandservice, Waschhaus, Restaurant, Pool*

11 Der Praktische in Stadtnähe

Perfekt für die erste oder letzte Nacht auf Korsika! Stellplätze ohne Schatten direkt am Strand. Ins Zentrum sind es 20 Minuten zu Fuß, mit der Stadtbuslinie 1 etwa zehn Minuten. Weil oberhalb die Hauptstraße vorbeiführt, kann es morgens etwas lauter werden.

Les Sables Rouges

€ | l'Arinella, Bastia | Tel. 04 95 33 36 08
GPS: 42.673448, 9.4450904

▶ **Größe:** *20 Stellplätze*
▶ **Ausstattung:** *Restaurant und Bar nebenan*

Insider-Tipp
Italienisch gut *Das bei Einheimischen sehr beliebte Meerblickrestaurant am Platz hat den* ***Pizza-Dreh*** *raus (Facebook: lessablesrouges).*

Macinaggio
Die ungezähmt-wilde Nordspitze Korsikas

An der Spitze des korsischen Fingers liegt idyllisch der kleine Yachthafen von Macinaggio, der schon den korsischen Freiheitskämpfern als Flottenbasis gedient haben soll. Superspannend sind die vielen versteckten, wunderschönen Buchten, die sich hier im Norden des Kaps von Korsika aneinanderreihen und die so abgelegen liegen, dass es hier selbst im Sommer nie allzu überlaufen ist. Selten voll wird es auch im kurvigen Bergland, wo dich verlassene Klöster und einsame Weiler erwarten.

P *Kostenlos und stressfrei parkst du am südlichen Ortseingang bei GPS 42.957675, 9.455012.*

ROHDIAMANT

Ohne viel Schnickschnack entfaltet der Plage de Tamarone seine ungebändigte Schönheit.

AKTIVITÄTEN & SIGHTSEEING

1 Wandern auf dem historischen Zöllnerweg

Wo einst Zollaufseher die Küste entlang auf Schmugglerjagd patrouillierten, kannst du heute mit Kind und Kegel in 45 Minuten bis zum Strand von **Tamarone** spazieren. Der Küstenweg **Sentier des Douaniers** führt nach Tamarone, dem schönsten Strand des Cap Corse. Ohne Schatten und deshalb im Hochsommer ziemlich schweißtreibend, auch starker Wind macht die Tour zur Tortur. ***Parken:*** *direkt hinter dem Yachthafen bei GPS 42.960468, 9.452150 | von dort ausgeschildert*

2 Zum halben Wachturm weiteraufen

Hinter dem Strand von Tamarone kannst du die Küste weiter entlangwandern. Nach 40 Minuten erreichst du den wackeligen Wachturm von **Santa Maria de la Chapelle**. Der wurde zur Hälfte von den Engländern gesprengt, am Rest nagen pittoresk Wind und Wellen – denn er steht im Meer! ***Infos:*** *Fortsetzung der Küstenwanderung auf dem Zöllnerweg s. o., zurück führt eine Abkürzung übers Inland.*

3 Kurz mal nach Capraia kreuzen

Vom Kap Korsika kannst du in Italien vorbeischauen, denn die toskanische Insel **Capraia** liegt keine 30 Kilometer östlich von Macinaggio! Das Ausflugsboot Pegalus umrundet die krümelige Vulkaninsel, die wunderbar grün und kaum bewohnt ist und mit ein wenig Glück begleiten dich ein paar Delphine auf deiner Eskapade. ***Infos:*** *Bootsausflüge mit San Paulu: Mai–Sept. So nach Capraia (Mo–Sa ab 13.30 Uhr Dolphin-Watching-Touren) | Erwachsene 72, Kinder 62 € | Port de Macinaggio | Tel. 06 14 78 14 16 | sanpaulu.fr*

4 Mit dem Rad durch alte Weiler kurven

Die Miniweiler von **Rogliano** sind mit ihren herrlichen Palais, wuchtigen Kurven und schmalen Höfen romantisch verschlafen. So verschlafen, dass hier kein Camper durchkommt. Per Bike oder per pedes (dann mit Abkürzung Richtung „Couvent" im Ortsteil Olivo) geht es ganz nach oben bis zum verfallenen Kloster von Saint-François. ***Parken:*** *Von Macinaggio aus erst die zweite Abfahrt nach Rogliano nehmen und vor dem Ortsschild am Straßenrand parken. GPS 42.95922, 9.41578*

REGENTAG – UND NUN?

5 Zeit und Muße für einen guten Tropfen

Der Generationenwechsel auf Korsikas nördlichstem Weingut **Clos Nicrosi** hat gut getan: Der fruchtige weiße Vermentinu, der pfeffrige rote Sciaccarellu oder der starke Muscat Petits Grains aus kleinen, würzigen Muskattrauben ködern Kenner! ***Infos:*** *Direktverkauf Mo–Sa 10–12 u. 16–19 Uhr | D 80 | Macinaggio (gegenüber Hôtel U Ricordu)*

ESSEN & TRINKEN

6 A Cala

Das beste Strandbistro am Kap: große Salate, faire Preise und eine großartige Aussicht auf den Strand und eine sich dort nicht selten sonnende Kuhherde. ***Infos:*** *tgl. 10–20 Uhr | Plage de Barcaggio | Tel. 06 22 06 19 51 | keine Website | €* ***Parken:*** *in Barcaggio | GPS 43.004878, 9.404607 | von dort 1 km Fußweg auf dem alten Zöllnerweg Richtung Osten*

7 La Galère

Nettes Bistro direkt am Yachthafen. Super sind die *moules frites* (Miesmuscheln mit Pommes), die du ganz untraditionell auch mit Süßkartoffelfritten bestellen kannst. ***Infos:*** *tgl. 8–23 Uhr, in der Nebensaison abends geschl. | Hafenpromenade Macinaggio | Tel. 04 95 55 91 31 | Facebook: LaGalère Maci naggio | €€*

EINKAUFEN

8 Formagerie E Piane

Als ihre Großeltern die alten Schafställe am Cap Corse aufgeben wollten, übernahm Sandrine die alte Sennerei. Der Rohmilchschafskäse E Piane und der „Königliche" U Divinu werden nur in kleinen, exquisiten Mengen produziert. ***Infos:*** *Di, Do, Fr, So 10.30–12 Uhr | Loc. Pietrabo, Macinaggio (an der Straße Richtung Rogliano) | Tel. 06 10 79 04 44*

AUSGEHEN

9 Köstliche Krustentiere in Centuri verköstigen

Der kleine Fischerhafen von **Centuri** mit seinen schiefergedeckten Häuschen und engen Gassen ist schon der Optik wegen einen Abstecher wert. Centuri ist frankreichweit als Langustenhochburg bekannt. Jeden Abend bringt ein knappes

KRUSTENTIER-KAPITALE

In Centuri ist Langustenverkostung angesagt.

Dutzend Fischer den krabbeligen Fang an Land. Frischer geht nicht! ***Parken:*** *Kurz vor dem Ortseingang auf der Höhe einer Pizzeria Abzweig auf den Parkplatz nach links | GPS 42.964667, 9.347914*

Insider-Tipp

Langustenglück für Langschläfer

Am besten schmaust du in Centuri zum Sonnenuntergang und übernachtest auf dem ***Camping-Caravaning Isulotto,*** *dann kannst du dir auch ein Weinchen genehmigen (D 35 | Centuri | Tel. 04 95 35 62 81 | isulottu.fr | €€ | GPS 42.959039, 9.353698).*

STELL- & CAMPINGPLÄTZE

10 Ruhig und preiswerte Basics

Wenig schattige Wiese für Womos und Campervans, dafür schön ruhig. Der oft mit Seegras bedeckte Strand liegt in 500-Meter-Distanz gleich um die Ecke, aber schöner badet es sich am Strand von Tamarone. Nach Macinaggio kommst du abends super zu Fuß!

Camping de la Plage U Stazzu

€ | Mouchelesse, Macinaggio (von der Hauptstraße ausgeschildert) | Tel. 04 95 35 43 76 | camping-u-stazzu.jimdofree.com
GPS: 42.964285, 9.447407

▶ **Größe:** *50 Stellplätze, Mietunterkünfte: einfache Bungalows*
▶ **Ausstattung:** *Waschhaus, Ver- und Entsorgung, Bouleplatz, Bar und Pizzeria*

11 Der (Fast-)Strandstellplatz

Toller, aber schattenloser Stellplatz mit automatischer Ver- und Entsorgung etwa 200 Meter vom Strand entfernt. Hier hast du vom Campervorzelt aus die Giragliainsel bestens im Blick. Der Gang früh morgens runter zum Strand gehört garantiert zu deiner Morgenroutine! Mit etwas Pech kommt morgens der Dorfwart zum Abkassieren der 15 € Standgebühr vorbei.

Aire de Camping-Car Tollare

€ | Tollare | keine Tel. und keine Website
GPS: 43.005736, 9.385604

▶ **Größe:** *20 Stellplätze*
▶ **Ausstattung:** *Ver- und Entsorgung, Frischwasser, keine Duschen oder Toiletten, kein Strom*

Saint-Florent

Am Wüstenrand – die charmant-schicke Côte d'Azur von Korsika

Saint-Tropez? Nein, Saint-Florent! Auch wenn an den Hafenbars und auf den häusergroßen Superyachten in der kleinen Marina gefeiert wird, als wärst du an der Côte d'Azur, geht es wenige Meter weiter in der überschaubaren Altstadt mit ihren kleinen, verwinkelten Gassen ruhig und gemütlich zu. Weiter im Inland des weiten Conca-d'Oru-Tals und im Weinbaugebiet Patrimonio gedeihen aufgrund des immer angenehmen Mikroklimas Korsikas beste Rebsorten. Gleich nebenan liegen die einsamen Agriaten, die auch die Wüste Korsikas genannt werden.

P *Parken kannst du an der alten Zitadelle (GPS 42.682431, 9.301533) und etwas versteckt hinter einem Supermarkt an der D81 (GPS 42.679406, 9.303077).*

TOSKANA EN MINIATURE

San Miniato al Monte? Nein, San Michele de Murato auf Korsika! Da ist Florenz ganz nah.

AKTIVITÄTEN & SIGHTSEEING

1 Durch Saint-Florent stromern

Während in den Clubs und Cocktailbars am Port de Plaisance die Champagnerkorken im Akkord knallen, geht es in der Altstadt von Saint-Florent beschaulich zu. Einst knallte es hier aber rund um die wuchtige **Citadella di San Fiurenzu,** in der die genuesischen Statthalter und die Bischöfe vor Piratenangriffen geschützt in einem runden Wohnturm residierten. ***Parken:*** *Route de la Citadelle | enge Zufahrt bei GPS 42.682806, 9.302080 | Parkplätze auch für die Innenstadt*

2 Mit Popeye zum Traumstrand

An die schneeweißen und wilden Traumstrände von **Lotu** und **Saleccia** kommst du nur zu Fuß oder auf dem Seeweg: Taxiboote pendeln stündlich nach Lotu. Die Schiffchen der Firma **Le Popeye** bringen dich auch mehrmals täglich weiter bis Saleccia; du kannst die unverbaute Küste aber auch entlangwandern oder dich mit dem Jeep kutschieren lassen. ***Infos:*** *Buchung online lepopeye.com oder per SMS 06 62 16 23 76 | Shuttle bis Lotu 18–20, Kinder 12 € | Abfahrt stdl. 9–19.30, im Aug. alle 30 Min. 8.15–20.15 Uhr*

3 Hoch hinaus mit dem fliegenden Gummiboot

Was da über Saint-Florent kreist, sieht nicht nur aus wie ein **Schlauchboot mit Flugdrachen,** es ist auch eins! Diese Fluggeräte sind in Deutschland nicht zugelassen, aber hier schwebst du ultraleicht über das Nebbio oder das Cap Corse bis zur Désert des Agriates. ***Infos:*** *altore.com/ulm | Tel. 06 88 21 49 16 | Start am Strand von la Roya, 30 Min. Flug ab 120 €*

4 Toskanafeeling hoch über Saint-Florent erleben

Vor dem kleinen Bergdorf **Murato** thront auf einem einsamen Hügel in 475 Metern das Kirchlein von **San Michele** (leider häufig geschlossen). Das Prachtstück romanischer Kirchenarchitektur mit seiner zweifarbigen Fassade aus dunkelgrünem Schiefer und weiß leuchtendem Kalkstein stammt aus der Zeit der kurzen pisanischen Herrschaft über Korsika. Sanfte Hügel, Weinberge und weite Ausblicke: Fehlen nur noch ein paar Zypressen und schon würdest du dich wie in der Toskana fühlen. Aber zur Not tun es auch ein paar schattige Platanen! ***Anfahrt:*** *über Olmeta zum Col de San Bastiano,dann Richtung Murato | 18 km südl. von Saint-Florent*

ESSEN & TRINKEN

5 Le Potager du Nebbio

Im Garten des Nebbio wird dir nur Gemüse und Obst vom eigenen Bio-Hof vorgesetzt – und das im romantischen Shabby-Chic-Ambiente unter einem Meer aus Lichterketten. ***Infos:*** *Route de San Griolo | Oletta | Tel. 04 95 60 64 16 | zur Saison tgl. 11.45–14 und 18–22.30 Uhr, außerhalb der Saison nur Hofladen | €€* ***Parken:*** *staubige, holprige Zufahrt und Parkplatz bei GPS 42.651031, 9.314953*

Insider-Tipp
Veggieparadies
*Der **Hofladen** des Le Potager du Nebbio verkauft Bio-Gemüse sowie köstliche hausgemachte Chutneys und Pesti.*

6 La Vista

Die angesagteste Cocktailbar von Saint-Florent. Zum Spritz oder Champagner werden Tapas serviert. Die besten Plätze liegen mit Sonnenuntergangsblick auf die pittoresken Altstadthäuser, die windschief bis ans Meer heranreichen. In zweiter Reihe hast du die hübsche Place Doria im Blick. ***Infos:** Place Doria | Saint-Florent | lavistastflorent.fr | €€€*

7 L'Arriere Cour

Herrlich im lauschigen Hinterhof oder im urigen Gewölbekeller liegt dieses schnuckelige Restaurant gleich an der Place Doria. Auf den Tisch kommt korsische Küche, du kannst aber auch nur einen herzhaften Crêpe bestellen.
***Infos:** tgl. | Place Doria | Saint-Florent | Tel. 04 95 35 33 62 | Facebook: L Arriere Cour | €€*

EINKAUFEN

8 Domaine Santamaria

Ganz so fromm, wie der Name suggeriert, geht es hier nicht zu. Auf dem Weingut kannst du den exzellenten roten Nielluccio, den weißen Vermentinu oder den göttlichen Muscat probieren, den Jean-Louis und Thomas am Cap Corse anbauen. ***Infos:** Route du Lac de Padula, Oletta | Tel. 04 95 39 03 51 | €€ | Facebook: Domaine.santamaria | Mo–Sa 9–12 und 14–18 Uhr | GPS 42.626312, 9.319310*

BACCHUS RUFT!

Einer korsischen Weinverkostung sollte man auf jeden Fall genügend Zeit einräumen.

AUSGEHEN

9 Bella Vita

Musik und Champagner in der Hafenbar? Kann doch jeder! Sehr viel spannender feiert es sich auf diesem Partykatamaran, der jeden Abend zum Sundowner über der Nordwestküste der Insel ausläuft. ***Infos:*** *Spontan mitfahren am Hafen oder vorbuchen auf catamaran-bellavita.com | dreistündige Ausfahrt ab 19 Uhr | 30 €/Person inkl. 1 Getränk*

STELL- & CAMPINGPLÄTZE

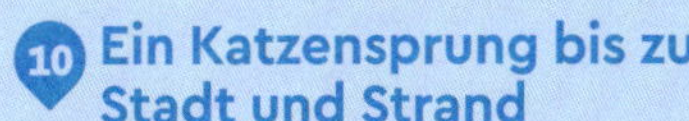

10 Ein Katzensprung bis zu Stadt und Strand

Super Platz für einen Zwischenstopp gegenüber dem Stadtstrand La Roya. Für Saint-Florent-Verhältnisse preiswertes Abendessen. Schattige Stellplätze unter Eukalyptusbäumen. Findest du hier keinen Platz, liegen gleich nebenan der Platz U Pezzo und das Camping-Village Kalliste.

Camping Acqua Dolce

€€ | Acqua Dolce, Saint-Florent | Tel. 04 95 37 08 63 | campingacquadolce.fr
GPS: 42.673859, 9.286670

▸ **Größe:** *110 Stellplätze*
▸ **Ausstattung:** *Pizzeria, Lebensmittelladen, Bäckerservice, Barbecueverleih, Waschhaus*

11 Korsikas abgelegenster Campingplatz

Der Weg ins Paradis(u) – steinig, holprig, und zwölf Kilometer lang – führt direkt ans Badeparadies Saleccia an der Agriatesküste. In einer solchen Lage kann man auch die etwas improvisierte und spartanische Ausstattung sowie die in die Jahre gekommenen Waschräume in Kauf nehmen. Dafür gibt es jeden Abend am großen Tisch für jeden, der will, ein gemeinsames Abendessen. Nichts für große Wohnwagen, Anhänger oder ängstliche Kastenwagenlenker!

U Paradisu

€–€€ | Plage de Saleccia | Tel. 04.95.37.82.51 | camping-uparadisu.com
GPS: 42.720864, 9.202244

▸ **Größe:** *1 ha, Mietunterkünfte: Roulottes, Hüttenzelte und Wigwams*
▸ **Ausstattung:** *Bar, Restaurant, Basics-Markt, kleiner Spielplatz, keine Kartenzahlung möglich*

Moriani-Plage
Strand wie Sand am Meer

Moriani-Plage – das klingt mächtig nach Meer! Das Seebad mit Endlossandstrand, das eigentlich zu dem Bergstädtchen Cervione gehört, hat auch vor allem das zu bieten. Um mehr zu erleben, musst du dich in die Berge begeben. Die dichten, grünen Kastanienforste der Castagniccia waren einst Korsikas Kornkammer. Heute sind sie Heimat unzähliger Hausschweine, Ziegen und gut genährter Rinder, die sich von deiner Anwesenheit kaum stören lassen.

P *Parken möglich am nördlichen Ortseingang bei GPS 42.375676, 9.531625 oder auf einem der zahlreichen Supermarktparkplätze.*

WIE EIN KÖNIG

Im Bischofspalais von Cervione residierte der einzige König von Korsika: der westfälische Baron Theodor von Neuhoff.

AKTIVITÄTEN & SIGHTSEEING

1 Durch knorrige Kastanienwälder kurven

Die **Castagniccia** war einst die Kornkammer Korsikas. Jeder Einwohner musste Kastanien als Brotbaum anbauen. Mach einen Abstecher zur Mineralquelle Orezza (das Wasser ist so eisenhaltig, dass es erst gefiltert genießbar ist) und zum **Ancien couvent d'Orezza.** Wo heute Efeu die Gemäuer überwuchert, war einst ein politischer Think-Tank: Hier wurden 1735 die korsische Unabhängigkeit und 1751 die korsische Verfassung ausgerufen. ***Infos:*** *Nur für Bullies und kleine Wohnmobile!* ***Anfahrt:*** *ab Folelli auf die D506 Richtung Piedicroce und auf die D71 zum Couvent Saint-François d'Orezza*

2 Mit dem Mountainbike ins Abseits

In der **Castagniccia** gibt es noch echt einsame Minibergdörfer, in denen ein paarmal die Woche der fliegende Händler vorbeikommt. Sonst nix und schon gar keine camperfreundlichen Straßen. Deswegen schwing dich aufs Rad und entdecke diese einmalige Kulturlandschaft! ***Infos:*** *MTB-Karten im* ***Office de Tourisme*** *in Moriani, wo alle ausgewiesenen Touren starten | 430 Route de Moriani Plage, San Niculaiu | castagniccia-maremonti.com/de/vtt-et-cyclosport*

3 Neun Hektar Kakteen

Der Naturpark **Parc Galea** im Zen-Stil zeigt 400 Kakteenarten vom Cowboykaktus bis zum Schwiegermuttersessel. Dazwischen Palmen, Gärten, duftende Buschpflanzen und ein großer Barfußpark sowie schattige Picknickplätze in einem Steineichenwäldchen. ***Infos:*** *Route de l'ex CNRO | Taglio Isolaccio | Mai/Juni/Okt. 14–18, Juli–Sept. 10–19 Uhr | parcgalea.com | Eintritt 9, Kinder bis 18 Jahren 6 , bis 6 Jahren 3 €*

4 Bestens baden in Bucatoghju

Eine der schönsten Badegumpen der mittleren Ostküste befindet sich mitten in einem Wäldchen und hört auf den schönen Namen **Piscine Naturelle du Bucatoghju.** ***Anfahrt:*** *Von der T10 auf der Höhe des Camping Kalypso auf die D334 Richtung Santa Maria Poggio abbiegen, dann der Ausschilderung „La Pievanie" de Santa Maria folgen. Bei GPS 42.358403, 9.508508 oder 400 m weiter an der „Le*

REGENTAG – UND NUN?

5 In Krimskrams und Kultur stöbern

Im alten Bischofspalais von Cervione hat ein rühriger Kulturverein das **Musée ethnographique Adecec Voce Nustrale** mit Alltagsgegenständen und archäologischen Funden ausgestattet sowie eine alte Schmiedewerkstatt, eine Bauernküche und eine Schnapsbrennerei nachgebaut. ***Infos:*** *Mo–Sa 9–12 und 14–18 Uhr | Eintritt 3 € | Piazza Ghjuvanni Simonetti, Cervione | adecec.net* ***Parken:*** *Nur entlang der Hauptstraße – bloß nicht in die Altstadt einbiegen!*

Snack de la cascade" parken und dem Feldweg nach Norden und Westen folgen.

ESSEN & TRINKEN

6 La Cantine de La Vallicella

Unscheinbar neben dem Spar-Supermarkt befindet sich dieses Allrounderrestaurant mit leckeren Fleisch- und Fischgerichten und einer großen Eisbar. Das Ganze wird im klimatisierten Shabby-Chic-Ambiente serviert. ***Infos:*** *tgl. 8–20 Uhr | Santa-Lucia-di-Moriani | Tel. 04 95 30 88 29 | Facebook: La Cantine de La Vallicella | €€*

7 Le Lido

Pizza mit Premiumblick, Muscheln am Meer und das alles in familienfreundlichen Portionen. ***Infos:*** *tgl. 9–16 und 17.30–2 Uhr | Lido Plage, San Nicolao | Tel. 04 95 38 12 22 | lido-plage.fr | €€*

EINKAUFEN

8 Les jardins de Bordeo

Auf diesem Bio-Hof für Heil- und Aromapflanzen der deutschen Familie von Keyserlingk werden Blätter und Blüten aufwendig zu ätherischen Ölen und Parfums gepresst und destilliert. ***Infos:*** *Lieu-dit Bordeo | San Nicolao | essences-naturelles-corses.fr/de | Juni–Sept. Mo–Sa 10–12.30 u. 15–19, Okt.–Mai Mo–Fr 10–12 u. 14–17 Uhr, Juli/Aug. auch So | deutschsprachige Hofführung Juni/Sept. Mo, Mi, Fr, Juli/Aug. tgl. 10.30 Uhr*

9 Le Florentin Boulangerie Patisserie

Die besten Canistrelli der Ostküste bekommst du in San-Nicolao! Die typisch korsischen Biskuitkekse gibt es in den unterschiedlichsten Variationen. ***Infos:*** *T10 | San-Nicolao (direkt an der Hauptstraße)*

WIE EIN CAMPER

… und auf dem Camping Olmello residierst du mit deinem Womo direkt am Meer.

STELL- & CAMPINGPLÄTZE

10 Der Komfortable am Meer für Familien

Großartige Rutschen- und Poollandschaft direkt am Meer. Auch der Strand kann sich sehen lassen, ist im Einstieg allerdings steinig. Abends kannst du keine fünf Meter vom Meer im schilfgedeckten Restaurant Le Campo Mare Pizza, Pasta und Fisch genießen.

Camping Le Campoloro 

€€ | Lieu-dit Prunete, Cervione | Tel. 04 95 38 00 20 | lecampoloro.com/de GPS: 42.315074, 9.541312

▶ **Größe:** *100 Stellplätze; Mietunterkünfte: Komfort-Mobilheime, Cottages und Chalets*
▶ **Ausstattung:** *Pools und Rutschen, Supermarkt und Bäckerservice, Waschsalon, Strandrestaurant, Spielplätze, Fitnessraum*

11 Das Basics-Camp am Meer

Platz ohne viel Schnickschnack mit schattigen Stellplätzen direkt am Meer. Zu Fuß kommst du zum Yachthafen Taverna oder zu einem guten Italiener, der beste Pizza direkt am Strand serviert.

Camping Olmello 

€ | Lieu-dit Olmello, Valle–Campoloro | Tel. 04 95 38 00 99 | camping-olmello-corse.fr GPS: 42.328458, 9.537876

▶ **Größe:** *150 Stellplätze, Mietunterkünfte: Bungalows*
▶ **Ausstattung:** *Pool, Pizzeria, Bäckerservice, Tennisplatz, Beachvolleyball, Waschhaus*

12 Ideal zum Austoben

Toller Platz mit beheiztem, überdachtem Pool am Strand und Luftkissenrutschen im Meer. Für die Kids gibt's Eselreiten und Meerkajak.

Merendella 

€€€ | Moriani-Plage (am südlichen Ortsende) | Tel.: 0495 385 347 | merendella.com GPS: 42.364636, 9.529518

▶ **Größe:** *150 Stellplätze; Mietunterkünfte: Chalets, Bungalows und Mobilheime*
▶ **Ausstattung:** *Kinderclub, Sauna, Wassergymnastik, Strandservice, Bar, Restaurant und Pizzeria*

Insider-Tipp
Der frühe Vogel ...

... hat die Wahl: Buch deinen Stellplatz online vor, entweder direkt am Meer oder im schattigen Steineichenwäldchen!

Aléria & Ghisonaccia
Baden in Flüssen und an endlosen Stränden

Aléria, die alte historische Hauptstadt Korsikas, blickt auf eine spannende Geschichte zurück: An der Stelle jungsteinzeitlicher Siedlungen errichteten die Griechen eine Handelskolonie, später bevölkerten Etrusker, Karthager, Römer und die Gallier in „Asterix auf Korsika" den Ort. Heute sind es eher Urlauber, Camper und Familien: Wie in den nur wenige Kilometer weiter südlich gelegenen Straßendörfern Ghisonaccia und Solenzara findest du eine gute Urlaubsinfrastruktur mit Cafés, Restaurants und Geschäften – und immer jede Menge Verkehr.

P *In Aléria gibt es ausreichend Parkplätze in den Seitenstraßen (z. B. bei GPS 42.115626, 9.514617), in Ghisonaccia auf dem Rathausplatz (GPS 42.016542, 9.404276).*

GRÜN, GRÜN, GRÜN

Die Badegumpen der Purcaraccia sind in traumhafte Natur eingebettet.

AKTIVITÄTEN & SIGHTSEEING

1 Abenteuerpaddeln für Anfänger

Im Osten an der breiten Tavignanomündung verleiht der **Club Nautique d'Aléria** Kajaks und Kanus. Flussaufwärts kannst du deine Kajakkünste unter Beweis stellen. Der Einstieg für Anfänger erfolgt an der Brücke von Altiani, wo du nach sieben Kilometern Stromschnellen beim **Campingplatz Ernella** (▶ S .97) wieder aussteigen kannst. Nur für Pofis: Flussabwärts werden die Fluten so schwierig wie landschaftlich einmalig. ***Infos:*** *Doppelkajak oder -kanu ab 20 €/Std. | Route de la Mer, GPS 42.113011, 9.514354 | Aléria | Tel. 06 38 02 45 30 | cnaleria.blogspot.com*

2 Gegen den Strom: Flusswandern mit Fun

Im Solenzaratal startet an der Brücke von **Pont de Fiumicelli** die beliebteste Flusswanderung der Insel. Nicht ganz so abenteuerlich wie Canyoning, aber das Klettern über die rundgeschliffenen Granitfindlinge macht auch mit Schulkindern Spaß. Oft geht es nur schwimmend weiter, deswegen am besten alles, was nicht nass werden darf, im Camper lassen! ***Parken:*** *Start bei GPS 41.838020, 9.309053 | im Juli und Aug. sollte man aus Parkplatzgründen früh aufbrechen!*

3 Korsikas Superrutschen sind hier!

Am Flusslauf des **Purcaraccia** im Solenzaratal wird es kraxelig: Eine halbe Stunde flussaufwärts funkeln die smaragdgrün leuchtenden Wasserbecken im granitgrauen Felsen um die Wette, in mehreren Rutschen stürzt sich das eiskalte Wasser in die Tiefe. Es gilt: Badeschuhe nicht vergessen und der frühe Vogel fängt den besten Gumpen und Parkplatz! ***Parken:*** *Parkplatz von Bocca di Larone | GPS 41.832160, 9.275452 | von dort ein paar Meter zurück zum Taleinstieg in einer Haarnadelkurve.*

Als Canyoningfan mit Seil, Helm und Neoprenanzug kraxelst du an den Massen vorbei, denn Purcaraccia ist vor allem am Schluchtanfang kein Geheimtipp!

REGENTAG – UND NUN?

4 Korsikas alte Handelsstadt entdecken

Unzählige Ruinen und Fundstücke bezeugen, wie bedeutungsvoll das Handelszentrum Aléria einst war. Die Siedlung der Römer ist ein archäologisches Freiluftmuseum mit Forum, Tempeln, Häusern und Geschäften. Einblicke in die abwechslungsreiche Geschichte erhältst du im **Musée d'Aléria Jérôme Carcopino** mit Exponaten aus der jungsteinzeitlichen, griechischen, etruskischen und römischen Zeit. ***Infos:*** *tgl. 10–17.30 Uhr | Eintritt 4, Familien 3 € | Fort de Matra | isula.corsica/patrimoine/Musee-d-archeologie-d-Aleria_a74.html |* ***Parken:*** *vor dem Burgberg bei GPS 42.103068, 9.513475*

5 Strandspaziergang am Strandsee

Aléria ist seit Urzeiten berühmt für die Lagune **Étang de Diane.** Schon seit der Antike werden hier Austern von höchster Qualität gezüchtet. Bei einem Strandspaziergang zum Wachturm **Tour de Diane** kannst du abschalten, anhalten und den Ausblick genießen: Das ist die Weite der Ostküste pur! ***Parken:*** *Marina d'Aléria | GPS 42.111826, 9.551397*

ESSEN & TRINKEN

6 U Paradisu

Tolles Rundum-Sorglos-Restaurant, in dem es von korsischem Wildschwein über Pizza und Sushi alles gibt, was die ganze Familie glücklich macht. Kinderspielplatz und tolles Ambiente am Pool! Wer es länger aushält, für den gibt es donnerstags Diskomukke oder korsische Chansons. ***Infos:*** *tgl. | Route de la mer | Ghisonaccia | Tel. 04 95 57 35 98 | Instagram: u_paradisu | €€*

7 Aux Coquillages de Diana

Der Speisesaal des Austernrestaurants schwimmt direkt auf dem Lagunensee von Diana. Austern und Muscheln landen frisch aus der darunterliegenden Lagune auf deinem Teller. Unbedingt vorbestellen! ***Infos:*** *tgl. | Étang de Diana, Aléria | Tel. 04 95 57 04 55 | €€€*

EINKAUFEN

8 Domaine Mavela

Eine besondere Note erhalten Pflaumen und Wein in Korsikas einziger Whiskybrennerei **Distillerie L. N. Mattei.** Die Spirituose reift in französischen Weinfäs-

KULINARIKOASE

Am Étang de Diane ist Austernschlürfen mit Ausblick angesagt.

sern, die den Single Malt Pietra & Mavela besonders aromatisch machen, direkt vor Ort. ***Infos:*** *Di–Sa 10–13 u. 15–18.30 Uhr | U Licettu | Aléria | domaine-mavela.com*

9 Aleria Caveau

Einer der wenigen auch in Deutschland käuflichen Weine stammt aus Aléria: die Réserve du président. Doch was Christian Orsucci vor Ort anbietet, schafft den kommerziellen Weg über die Alpen nicht. Probiere unbedingt fruchtigen Alalia-Verschnitte in rot, weiß und rosé. ***Infos:*** *Mo–Sa 8.30–19, im Winter Mo–Fr 8.30–12 u. 14–17.30 Uhr | Route de la Mer | Padulone/Aléria | cavedaleria.fr*

STELL- & CAMPINGPLÄTZE

10 Picobello Party- und Familienplatz

Die Plätze rund um Aléria und Ghisonaccia sind groß, laut und vor allem für Camper gedacht, die hier wochenweise ihre (Familien-) Ferien verbringen. Arinella Bianca ist ein tipptopp gepflegter Park mit Sportanimation, Wettbewerben, Musik und Party am Abend, einem Pool- und Rutschenpark für alle und einem Schwimmbad nur für Erwachsene.

Camping Arinella Bianca

€€€ | Route de la Plage | Ghisonaccia | Tel. 04 95 56 04 78 | camping-corse.fr GPS: 41.998746, 9.442130

▶ **Größe:** *400 Stellplätze, Mietunterkünfte: Mobilheime und Bungalows*
▶ **Ausstattung:** *Swimmingpools, Restaurant, Snackbar, Eisdiele, Sportanlagen, Camperwäsche*

11 Noch ein Familienparadies

Einer der größten Familiencampings der Insel. Großzügige Parzellen mit ausreichend Schatten. Hier kannst du deine Sommerferien verbringen, ohne dass es langweilig wird! Abends gibt's Unterhaltung auf einer Bühne direkt am Meer. Aufgrund der vielen Mobilheime wird die Stellplatzpflege leider vernachlässigt.

Marina d'Erba Rossa

€€€ | Route de la Mer, Ghisonaccia | Tel. 04 95 56 25 14 | marina-erbarossa.com GPS: 41.999665, 9.447612

▶ **Größe:** *550 Stellplätze, Mietunterkünfte: Mobilheime und Chalets*
▶ **Ausstattung:** *Swimmingpools, Streichelzoo, Minigolf, Animation, Kinderclub, Tennis und Fitnessstudio, Waschhaus, Restaurant, Bar*

FILMKULISSE
Die Bucht von Girolata im Naturreservat Scandola kannst du nur zu Fuß oder mit dem Boot erreichen.

Promiküsten, Megafelsen und abgelegene Bergdörfer **Von Bastia über Porto nach Belgodère**

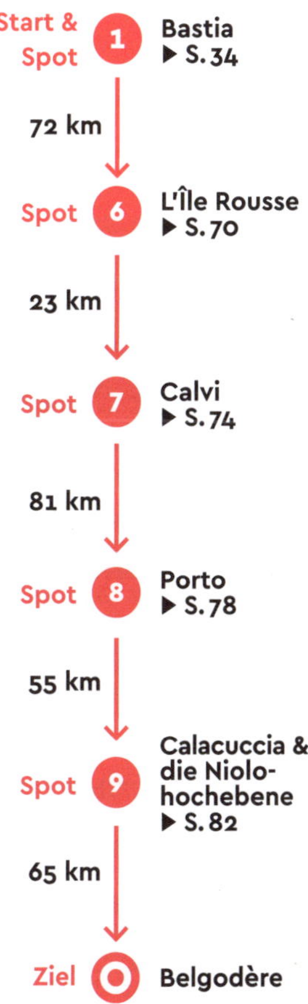

Diese Tour ist nichts für Kurvenmuffel! Während du durch die Balagnegärten an den Gestaden der Gutsituierten vorbei noch kunstvoll cruisen kannst, wird es an der Westküste eng und atemberaubend: Eine herrlich einsame und eindrucksvolle Küstenlandschaft erwartet dich, die du ab Porto gegen bombastische Berge und eiskalte Bergbäche tauschst. Da ist die sanfte Kurvenlandschaft Richtung Belgodère fast schon ein Kinderspiel für geübte Fahrer!

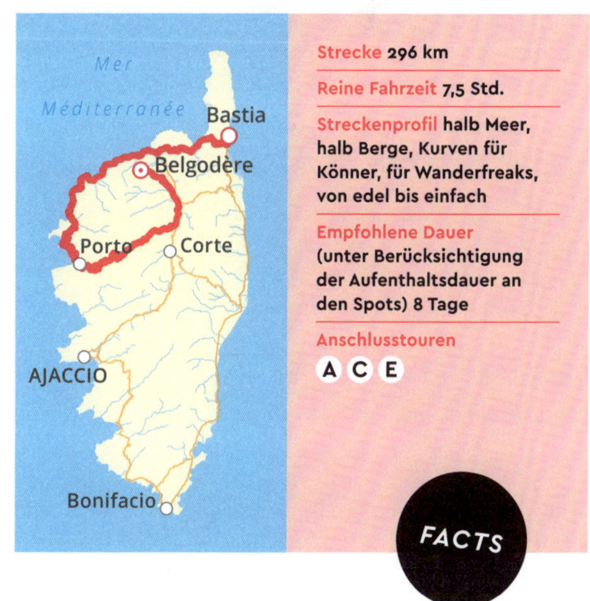

Tour B im Überblick

Tour-Highlights

Am einsamen Robinson-Crusoe-Strand *Plage de l'Ostriconi* langgaloppieren ▶ S. 61

An der *Citadel de Calvi* auf den Spuren von Christoph Kolumbus wandeln ▶ S. 75

Mit dem Hybridboot das Piratendorf am *Golf von Girolata* entern ▶ S. 79

Am *Lac de Nino* mit halbwilden Pferden auf grasgrünen Sumpfwiesen picknicken ▶ S. 83

Nach dem Aufstieg auf den König von Korsika am *Camping U Monte Cintu* einfach nur noch ins Bett fallen ▶ S. 85

B Tourenverlauf

Start & Spot 1

Bastia

Wirtschaftsmetropole der Insel ▶ S. 34

Optionaler Anschluss: Tour A, Tour E

11 km

Von Bastia immer nach Süden auf der T11! Am besten immer rechts halten und die Unterführungen ignorieren. An einer großen Verkehrsinsel auf die D264 nach Centre Hospitalier und Paese Novu abbiegen. Am Friedhof vorbei auf die Route Royale (Gewichtsbeschränkung 3,5t)! Nach diesem kurzen Großstadtchaos-Intermezzo führt dich die königliche Straße steil bergauf Richtung Saint-Florent auf die D81. Auf der Höhe einer alten Mülldeponie öffnet sich der Blick Richtung Nordküste und den riesig scheinenden **Lagunensee von Biguglia** – aber fahre ruhig noch ein paar Minuten weiter, dann kannst du ganz in Ruhe staunen: Am Parkplatz *(GPS 42.679485, 9.398845)* der **Fromagerie des Cimes,** einer kleinen Panoramakäserei mit fantastischem Ziegenkäse *(tgl. 10–17 Uhr | Route de Saint-Florent | €€€)*. Nur einen Kilometer weiter biegt scharf rechts ein Sträßchen nach **Serra di Pignu** ab. Die Zufahrt selbst ist für dein Womo viel zu eng, aber mit dem Mountainbike oder auf einem strammen Spaziergang sind die ca. 4,5 km zur Bergspitze gut zu schaffen. Doch schau vorher zum Himmel hoch, denn ein Aufstieg ist nur an wolken- und windfreien Tagen ratsam. Bei gutem Wetter belohnt dich oben ein Rundumblick von der Nordküste über das Cap Corse bis nach Calvi, der sich sehen lassen kann!

Col de Teghime

Nur einen halben Kilometer weiter steil bergauf Richtung Saint-Florent auf die D81 erinnert ein **Denkmal** an die Schlacht von 1943 um den strategisch wichtigen Bergübergang. Am Col de Teghime wurde Geschichte geschrieben: Hier wurden die deutschen Inselbesatzer geschlagen und Bastia zurückerobert. Die nordkorsische Stadt war 1943 die erste befreite Stadt Frankreichs im Zweiten Weltkrieg. Heute geht es hier friedlich zu. Auf der Passhöhe zwischen Bastia und Saint-Florent ist der Sonnenuntergang im Westen über der Désert des Agriates für Romantiker kitschig-schön, für Frühaufsteher der Sonnenaufgang Richtung Elba im Osten ein Erlebnis. Aber auch der Ausblick auf die Nebbio genannte Landschaft ist nicht ohne: Wie gewaltige Drachenrücken spannen sich zackige Hügel über das fruchtbare Tal, in dem schon die alten Römer Wein anbauten.

P *Ein großer Parkplatz liegt bei GPS 42.676811, 9.382724.*

7 km Zurück auf der D81, geht es in engen Kurven bergab in die Nebbiostädtchen Barbaggio und Patrimonio.

Patrimonio

An den Hängen des kleinen Winzerdorfs werden auf circa 500 Hektar Rot- und Roséweine produziert, aber auch gute Weiß- und Dessertweine kannst du hier direkt beim Erzeuger probieren. Die ersten korsischen Weine mit der kontrollierten Ursprungsbezeichnung A.O.C. (Appelation D'origine Côntrolée) stammen von hier und heute aus nachhaltigem Weinbau. Mittendrin thront die stolze Ziegel-Barockkirche **Église Saint Martin** mit ihrem mächtigen Glockenturm. Gut ausgeschildert, mit großem Parkplatz und idyllischem Winzerambiente kann man bei Pierre-François im **Clos de Bernardi** seine Tropfen aus dem Patrimonio und vom nahen Cap Corse probieren *(D81 | Patrimonio bei GPS 42.696614, 9.363301 | Tel. 06 86 10 72 57 | €€).*

P *In dem engen Straßendorf ist die Parkplatzsuche sportlich. Versuche es am Aussichtspunkt GPS 42.698854, 9.363202 oder gegenüber der Post bei 42.696680, 9.361707.*

WINZERLAND

In den fruchtbaren Hügeln von Patrimonio wird der gute Korsische angebaut.

STRANDGALOPP

Das wär's doch: Auf einem Pferderücken am Plage de l'Ostriconi entlangpreschen!

31 km | Weiter geht's direkt an der Küste lang nach Saint-Florent (▶ S. 42) und auf der D81 immer weiter Richtung L'Île-Rousse und Calvi.

Bocca de Veccu

Auf dem Weg zur Passhöhe von Bocca de Veccu durchquerst du die **Désert des Agriates.** Diese im Sommer ziemlich karge Hügellandschaft galt unter genuesischer Herrschaft als Kornkammer der Insel. Doch Weidewirtschaft und zahlreiche Waldbrände haben eine baumlose Landschaft geschaffen, die aber ganz zu Unrecht als Wüste bezeichnet wird, weil es hier im Frühjahr grünt und blüht. Nur im Sommer macht die Stein- und Maquiswüste ihrem Namen alle Ehre. Dann liegt eine braune, trockene, fast unbewohnte Landschaft vor dir. Im Weiler **Casta Tetu** gibt es ein paar Häuser und den kleinen, herrlich einsamen **Campingbauernhof von Any** mit nur wenigen Stellplätzen ohne Strom *(Pietrera | Tel. 06 23 10 24 72 | keine Website | € | enge Abfahrt bei GPS 42.660287, 9.242659)*. Kaum zu übersehen ist die Jeep- und Bike-Mietstation von **Saleccia Off Road** *(bietet Jeeptouren ans Meer | saleccia-off-road.com)*. Unterwegs gibt es kaum Haltepunkte, an denen sich auch der Fahrer die Landschaft in Ruhe angucken kann.

Ausnahme ist der Pass von Bocca de Veccu (GPS 42.665985, 9.141342) mit großem Parkplatz, ein paar steinernen Bänken und einem Ausblick und Fotomotiven zum Dahinschmelzen.

Insider-Tipp
Per Bike zum Fjord

Sportlich geht es auf einem intensiv-zweistündigen MTB-Trail zum wunderbaren ***Fjord von Malfacu*** *und dem weiten Sandstrand von* ***Ghignu*** *– und dann wieder die 500 Höhenmeter zurück!*

8 km In weiten Kurven schweift die D81 bergab in das Ostriconital, wo du auf die T30 triffst. Deine Route führt nach rechts in Richtung Calvi. Nach drei Kilometern zweigt eine Straße nach Ostriconi ab. Nach links führt die T30 Richtung **Ponte Leccia,** wo du nach Lama (▶ S. 71) abbiegst.

Optionaler Anschluss: Tour E

Plage de l'Ostriconi

Robinson Crusoe hätte hier wohl Urlaub gemacht: ein echter, einsamer Traumstrand! Schneeweiße Sanddünen, ein Fluss, der sich gemächlich durch seine Strandlagune Richtung Meer schlängelt, Schilfwald, Bäume, Vögel, kein Haus weit und breit. Mittendrin steht nur ein Wachturm mit Bademeister zur Hochsaison, denn in der Bucht können die Unterwasserströmungen ziemlich gefährlich werden. Die Zufahrtsstraße ist für Camper viel zu eng und fast immer mit einer Höhenbegrenzung verschlossen. Auch für Autos gibt es nur wenig Platz, dafür umso mehr Freiraum für dein Handtuch am Strand. Mach am besten Übernachtungsstopp auf dem Campingparadies des **Village De L'Ostriconi** *(Palasca | Tel. 04 95 60 10 05 | village-ostriconi.com | €€€ | GPS 42.655208, 9.067552)*. Von dort führt ein etwas abenteuerlicher Trampelpfad durch die Dünen zum Strand. Die Reitschule **Arbo Valley** startet morgens um 8 Uhr zu einem Ganztagesausflug zu Pferd die Küste entlang. Ausgiebiger Badestopp in Ostroconi inklusive (*Tagestrip 120 € | Palasca | Zufahrt bei GPS 42.653144, 9.069656 | Tel. 06 16 72 53 12 | Facebook: arbovalley*).

15 km Küstenkurven mit Wow: Am liebsten würde man auf der Schnellstraße, die direkt am Meer entlangführt, ständig anhalten. Gelegenheit dazu gibt's zum Beispiel bei GPS 42.653433, 9.035614, wo die **Snackbar Licciola** *(von 9 Uhr bis zum Sonnenuntergang | Facebook: Licciola | €€)* Stärkung mit Sandwiches und Salaten bietet. Jetzt bist du in der **Region Balagne** angelangt, die auch der Garten Korsikas genannt wird. In dem Gebiet zwischen der Désert des Agriates im Osten und Calvi im Westen wachsen dank des fruchtbaren Bodens Oliven, reihen sich Zitrusplantagen aneinander und auf den sanften Hügeln gedeihen die besten Vermentinutrauben der Insel. Unterwegs kannst du an kleinen Ständen am Straßenrand Vitamine bei den Locals erstehen. Aber die Korsen in der Balagne leben nicht nur von der Landwirtschaft. Eine der wichtigsten Einnahmequellen ist der Tourismus, das merkst du spätestens bei der nächsten Badegelegenheit, der Tippitoppi-Bucht von **Lozari.** Der Traumstrand war früher ein Camperparadies, doch die alten Plätze sind modernen Apartmentanlagen gewichen. Nur eines ist geblieben: der unvergessliche Sonnenuntergang am Abend.

P *Parkmöglichkeiten für Camper erst an der zweiten Abfahrt bei GPS 42.638749, 9.007497!*

*Egal ob ein entspannter Spaziergang am **Reginufluss** entlang oder ein steiler Spazierweg zum alten **Genueserturm** – beide Wege sind vom Parkplatz aus ausgeschildert.*

Vorbei am **Parc de Saleccia** (▶ S. 71) führt dich die T30 immer ganz nah an der Küste entlang nach L'Île-Rousse.

Spot 6

L'Île-Rousse

Mediterranes Flair, herrlicher Stadtstrand und eine rote Felseninsel

▶ S. 70

8 km Nun auf nach Calvi! Vorbei an der Bucht von Bodri mit dem gleichnamigen Campingplatz (▶ S. 73), lockt der Superstrand des Windsurfparadieses **Aregno** mit dem **Campingplatz A Marina** *(T30 | Padule, Aregno | Tel. 04 95 60 75 41 | €€ | www.marinacamping.fr | GPS 42.608537, 8.874264)*. Wenn die Kids bespaßt werden wollen, ist der Streichelzoo von **L'Isula di i Sogni** einen Zwischenstopp Wert. (▶ S. 71).

Algajola

Am großen Kreisverkehr kannst du nach **Algajola** abbiegen. Das Städtchen sieht von außen mächtig aus, besteht aber nur aus ein paar Häusern mit engen Gassen, einem Bahnhof *(wenige Parkplätze für Bullies bei GPS 42.608464, 8.860661)* und einer Zitadelle. Die alte Wehranlage war zeitweise bedeutender als Calvi, doch heute befindet sie sich in Privatbesitz und ist nicht zugänglich, da hilft auch ein Klopfen am

Schlosstor nix. Dann doch lieber zu Kaffee, Kuchen oder Pizza in eins der netten Cafés ausweichen.

15 km Zurück auf die T30, vorbei an Sant'Ambroggio nach Lumio. Dort biegt die D71 zum **Campingplatz Panoramic** ab, wo die Wandertour zu dem verlassenen Bergdorf **Occi** startet (▶ S. 75). Weiter Richtung Calvi wird die Straße plötzlich kerzengrade: Hier liegt die Kaserne der Fallschirmjägerbrigade der Fremdenlegion. Vorbei am Camping **Dolce Vita** (▶ S. 77) und **La Pinède** (▶ S. 77) sowie dem innenstadtnahen **Camping International** (▶ S. 76) geht es auf Calvi zu.

Spot 7

Calvi

Kolumbusstadt mit schönstem Hausstrand der Insel ▶ **S. 74**

23 km Viele Alternativen gibt es nicht, um das Nadelöhr Calvi zu umgehen. Am schnellsten geht's am Hotel L'Abbaye links, dann vor dem Hotel Marianna rechts auf die Av. Santa Maria und vor der Zitadelle links in Richtung Galéria auf die Route de Porto. Hier weiter Richtung Galéria. Lass den Abzweig zur Chapelle ND de la Serra (▶ S. 75) links liegen.

WEHRHAFT

Die Zitadelle von Algajola hielt vielen feindlichen Angriffen stand.

AUFGESTAUT

Der Fango ergießt sich in seinem Verlauf in unzählige kleine Becken wie hier in der Nähe der Pont de Perticatu im Falasorma.

Nächster Halt nur ein paar Meter weiter: der Aussichtspunkt auf die **Revellatahalbinsel** bei GPS 42.556044, 8.726081 (▶ S. 75). Jetzt wird's eng: Die Küstenfahrt ist gut machbar, wenn du mit deinem Gefährt auf du und du bist, genug Rücksicht auf den restlichen Verkehr nimmst und auch gerne mal Platz zum Überholen machst.

Insider-Tipp

Rennstrecke auf Korsisch

Fast doppelt so schnell und mit halb so vielen Kurven zum Ziel Galéria geht's übers Hinterland. Einfach noch vor Calvi Richtung Flughafen abbiegen und durch das Inland brausen.

Es gibt zwar viele einsame Ecken auf der Insel, aber hier gibt es einfach Nichts! Nichts als tolle Ausblicke auf das Meer, die enge Küstenstraße D81B, die sich durch ganze Wälder aus Erdbeerbäumen windet und, siehe da, Menschen und ein Restaurant! Der Blick gen Westen von der überdachten Terrasse des **U Nichjaretu** fällt auf den darunterliegenden Kieselsandstrand und den Sonnenuntergang. Die Preise sind nicht billig, aber fragen, ob man nach dem Essen auf dem Parkplatz stehen bleiben darf, kostet nichts *(Juni–Sept. tgl. 10–23 Uhr | Route de Porto par la côte | Calvi | Tel. 04 95 47 84 36 | keine Website | €€€ | GPS 42.523942, 8.720347)*. Zurück auf der D81B, kannst du am Konfettistrand von Argentella zwischenstoppen.

Argentella

Der Kieselstrand besteht aus Abermilliarden kleiner bunter Steinchen und Handschmeichler. Schon eine ganz Weile geschlossen ist die alte **Silbermine Mine et Usine de l'Argentella,** zu der auf der gegenüberliegenden Seite der Einfahrt zum verlassenen Campingplatz La Morsetta eine schmale Straße führt. 1964 wurde die Industrieruine geschlossen. Heute ein echter Lost Place mit verfallenen Verwaltungsgebäuden, abgedeckten Lagerhallen und eingewachsenen Baumaschinen, sogar ein riesiger alter Ziegelschornstein ragt noch in bestem Zustand in den Himmel.

P *Nur wenige Parkmöglichkeiten nach der Abfahrt bei GPS 42.475666, 8.684165.*

23 km Weiter geht's die Küste entlang, bis der Endlosstrand im Fangodelta dein Blickfeld entert. Dort, wo die Straße nach rechts Richtung Galéria und Porto führt, triffst du auf die schnelle Route aus Calvi. Der kleine, im Inland gelegene, von blökenden Ziegen und plätscherndem Wasser umgebene Campingplatz **Casa di Luna** ist der beste Womohalt weit und breit mit tollen Stellplätzen unter Olivenbäumen *(La Vaitela | Galéria | Tel. 06 74 67 73 01 | casadiluna.net | € | GPS 42.412647, 8.690552)*. Auf der anderen Seite des Fango an einem kleinen Touristenbüro führt deine Route dich zunächst nach rechts Richtung Galéria (D351).

Galéria

In seinem unteren Flusslauf sucht der von dichtem Buschwerk umsäumte Fango in mehreren Seitenarmen seinen Weg Richtung Meer. Das breite Flussdelta wurde aufgrund seiner reichen Flora und Fauna von der UNESCO zum Biosphärenreservat erklärt. Grund genug, um dich ins Kanu zu schwingen! Wenn du deinen Camper auf dem großen Parkplatz *(GPS 42.416421, 8.656444 | tagsüber gebührenfrei | Übernachtung gegen Gebühr von 20 € erlaubt | Bootsrampe, kein Wasser, kein Strom)* abgestellt hast, nimmst du den kurzen Fußweg zum Aussichtsturm Torra di Galéria. Unten am Flusslauf kannst du schon die Kanuverleiher *(Juni–Sept. | Tel. 06 22 01 71 89 | delta-du-fangu.com | 6 €/Std. | keine Vorbestellung)* erkennen. An den Ufern des Flusses tummeln sich Reiher, Teichhühner und – eine Horde von wild lebenden Flussschildkröten!

4 km Von Galéria fährst du zurück Richtung Touristenbüro und von dort Richtung Falasorma oder nach Porto.

B Tourenverlauf

Falasorma

Die Region um das breite Mündungsdelta des Fango ist weniger zum Baden im Meer als für seine Flussbadestellen im oberen Flusslauf bekannt. Da flussaufwärts gern trotz Parkverbot am Straßenrand geparkt wird, ist das mit einem großen Womo ein anstrengendes Gekurve. Erste stressfreie Haltestelle: Die große Gumpe unterhalb der alten Brücke **Ponte Vecchiu,** wo sich ein gebührenpflichtiger Parkplatz befindet *(GPS 42.396251, 8.714183 | im Juli/August 4€)*. Zweite Haltestelle: Die **Aire de Treccia,** mit vielen Parkmöglichkeiten, Sprungfelsen und einer Kiesbank, die den schönen Namen Île du Fango trägt. Nur ein paar Meter vom Parkplatz entfernt findest du dein ganz eigenes Flussbadeplätzchen – vorausgesetzt, du hast wasserdichte Schuhe oder Sandalen dabei!

44 km Zurück auf die D81. Du kennst das schon: Kurven, Kurven, Kurven. Eng an die Berghänge gekrallt windet sich das enge Sträßchen den Berg hinauf Richtung Porto. Am Pass von **Col de Palmarella** kannst du dich von der Kurventortur erholen – mit bestem Blick auf Girolata (▶ S. 79). Links das Capo Senino, rechterhand die rostrot leuchtende Punta-Scandola-Halbinsel, dazwischen das in der geschützten Bucht meist spiegelglatte Meer. Wow! Von der nächsten Passhöhe, dem **Col de la Croix,** startet eine etwa 3,5-stündige Wandertour nach Girolata *(kaum camperfreundliche Parkmöglichkeiten | Höhenbeschränkungen und Verbotsschilder)*. Kurz darauf geht in einer Kurve eine enge, abschüssige Piste Richtung **Plage de Gradelle** (▶ S. 79) ab. Immer schön kurvig und mit tollem Panoramablick führt die D81 weiter Richtung Süden.

📷 *Ganz großes Kino mit tollen Fotos bietet der **Panoramaparkplatz** mit Parkbänken in einer scharfen Kurve bei GPS 42.297222, 8.676944.*

Jetzt erwartet dich das Naturspektakel des **Golfe de Porto** im Panoramablick. Doch Obacht! Die ohnehin schon enge Straße bietet dir auf beiden Straßenseiten überhängende Felsen und macht Fahrern von großen Gefährten das Leben schwer. Da heißt es für Fahrer und Beifahrer: Ärmel einziehen, um nicht die Felsen zu streifen! Nach diesem Kurvenchaos rollt die D81 fast schon gemütlich Richtung Porto aus.

Spot 

Porto
Rote Felsen, tiefblaues Meer und atemberaubende Küstenlandschaft ▶ **S. 78**

Optionaler Anschluss: Tour C

20 km Am Ortsausgang Porto führt deine Reise auf Tour B dich nach **Évisa** und **Corte** (D84) und vorbei am Campingplatz **Funtana a l'Ora** (▶ S. 81). Fast im 45-Grad-Winkel rutschen die Berge der Deux-Sevi in die wildromantische **Speluncaschlucht** ab. Spelunca bedeutet auf Deutsch Höhle, denn der Gebirgsbach Porto hat hier einen besonders tiefen Graben in die Granitberge im Westen der Insel gebuddelt. Die einspurige D84, die sich an die steilen Felswände klammert, teilst du dir mit Rennradlern, Motorradfahrern und Ausflüglern sowie Ziegen, halbwilden Schweinen und gemächlichem Rindvieh, das sich von deiner Präsenz kaum beeindrucken lässt.

Évisa

Évisa thront hoch über der Speluncaschlucht, inmitten dichter Kastanienwälder. Immerhin hast du bis hierhin schon über 800 Höhenmeter bewältigt. Zu sehen gibt es nicht viel, auch wenn in dem Örtchen immer etwas los ist, denn hier treffen sich die beiden **Fernwanderwege** Mare a Mare und Mare e Monti. Hinter Évisa beginnen die dichten Schwarzkiefernforste des **Forêt d'Aïtone.** Mit etwas Glück findest du rund um den Waldweg bei GPS 42.263901, 8.825481 genug Platz zum Parken am Straßenrand, um einen Abstecher zu den tollen **Badegumpen** zu machen. In einer Viertelstunde durch den Wald bist du am Naturschwimmbecken unter Kiefern angekommen – eiskalt und herrlich erfrischend! Im Sommer kannst du das Vorhaben allerdings vergessen, die Supergumpen kennt auf Korsika jeder!

12 km Die Grenze der Speluncaschlucht zur Hochebene des Niolo bildet der **Col de Vergio,** auch Bocca di Verghiu genannt. Die Passhöhe liegt auf 1477 Metern und gilt als der höchste Gebirgspass der Insel. Er markiert nicht nur die Grenze zwischen den Départements Haut-Corse und Corse-du-Sud, sondern kreuzt auch den GR 20. Da viele Wandertruppen den Col de Vergio als Treffpunkt mit den Nachschubmannschaften nutzen, ist man hier selten allein. Trash oder Kunst? Als wäre das atemberaubende Panorama auf das korsische Hochgebirge und den Calacucciasee im Niolo nicht schon Attraktion genug, hat man hier 1984 eine 6 Meter hohe und 25 Tonnen schwere **Monolithstatue des Christkönigs** des korsischen Bildhauers Noël Bonardi errichtet. Östlich des Aussichtspunkts der Passhöhe liegt **Castel de Vergio.**

GANZ SCHÖN ENG!

Wo sich einst der Teufel und der Heilige Martin balgten, kämpft sich heute der Gegenverkehr aneinander vorbei.

Die kleine Skistation aus den 1960er-Jahren ist seit 2007 außer Betrieb. Nur etwa 2,5 km weiter macht die Straße eine 180-Grad-Kehre bei GPS 42.297098, 8.885379. Mittendrin ein Parkplatz, auf der gegenüberliegenden Straßenseite startet der markierte Wanderweg zu den Wasserfällen von **Cascades de Radule.** Die spektakulären Kaskaden stürzen sich in mehreren Stufen in ein glasklares Becken.

i Etwa 1,5 Stunden pro Strecke | recht einfache Wanderung, auch für Kinder geeignet | Badeschuhe nicht vergessen!

23 km Immer bergab führt dich die D84 nach **Albertacce,** das erste Dorf der Niolohochebene. Von Albertacce nach Calacuccia immer der D84 folgen. Achtung, im Kreisverkehr nicht Richtung Corscia abbiegen!

Calacuccia & die Niolohochebene

Mächtige Zweitausender, eine einsame Hochebene und viel Tradition ▶ **S. 82**

10 km Wiederum auf der D84, lenkst du dein Gefährt weiter in nordöstlicher Richtung.

Scala di Santa Regina

Die Treppe der Heiligen Königin ist eine der bemerkenswertesten Schluchten der Insel. Auch wenn Geologen behaupten, dass das 15 Kilometer lange, enge Tal zur Zeit der Alpenbildung entstanden sei, als der schroffe, rote Granit hier aufgeworfen wurde, war es in Wirklichkeit die Jungfrau Maria, die sich hier eine ganz schön steile Treppe gen Himmel errichten ließ, als auf der Nioloebene gerade der Kampf des Teufels gegen den Heiligen Martin tobte. Dass bei einer solchen Operation mächtig die Fetzen fliegen, ist klar: Einige Steinbrocken sollen die hohen Berge von Monte Cinto und Paglia Orba sein, die auf der gegenüberliegenden Seite der Niolohochebene liegen und zu den höchsten Erhebungen der Insel zählen. In der tiefen und engen Schlucht **Défilé de la Scala di Santa Regina** fährst du auf etwa 15 Kilometer stolze 500 Höhenmeter bergab und nur ein lächerliches Mäuerchen trennt dich vom Abgrund. Haltemöglichkeiten gibt es kaum. Sobald du auf die Häuser an der **Brücke Castirla** triffst, rollt die Straße nach rechts gemächlich Richtung Tal aus.

i *Wenn du nach der Kurvenorgie Pausenlust verspürst, dann kannst du direkt am Goloufer am Campingplatz **Campita** ausspannen und in eine der Badegumpen hüpfen (Francardo/Omessa | Tel. 06 45 96 12 87 | campita.fr | €–€€ | GPS 42.393734, 9.175320).*

55 km | Im Tal triffst du auf die Hauptstraße T20.

Optionaler Anschluss: Tour E

Folge den Wegweisern Richtung Bastia/Calvi/Bonifacio. Bei Ponte Leccia wechselst du auf die T30 Richtung Calvi. Aber nur für 14 Kilometer, dann biegst du auf die RT301 Richtung Castifao/Moltifao ab, dann geradeaus auf der RT301 weiter Richtung Olmi-Cappella und Belgodère. Durch eine kaum bebaute Kulturlandschaft schwingt sich das Sträßchen bis nach Belgodère. Hier bist du wieder in der Balagne angelangt!

Ziel Belgodère

Das größte Dorf der Balagne ist so etwas wie eine Terrasse aufs Meer: Vor dir weitet sich das Pratotal mit endlosen Olivenhainen, dahinter die Küste der Balagne. Die beste Aussicht hast du von den Resten der verfallenen **Burg Vieux Fort** aus. Mit etwas Glück ergatterst du einen der wenigen Parkplätze vor der wuchtigen Barockkirche **Saint-Thomas** mit ihrer zweifarbigen Fassade, um die sich die enge Dorfstraße windet *(GPS 42.585941, 9.017350)*.

P *Einen weiteren Parkplatz mit Ausblick gibt es am Ortsausgang bei GPS 42.586849, 9.018462*

L'Île Rousse

Mediterranes Flair, herrlicher Stadtstrand und eine rote Felseninsel

Wäre da nicht die rote Felseninsel vor der Küste, L'Île-Rousse wäre wohl auch heute noch ein unbedeutendes Fischerstädtchen. Doch der Fels gab Sicherheit – und dem korsischen Volkshelden Pasquale Paoli einen guten Grund, um in der geschützten Bucht eine strategische Basis zu errichten. Auch heute noch wacht er in Form einer wuchtigen Statue auf der zentralen Place über die Geschicke der Stadt, die mit ihren verwinkelten Gassen, den platanengeschützten Cafés und dem traumhaften Stadtstrand zu den Top-Spots der korsischen Nordküste zählt.

P *Parkmöglichkeiten an der Post bei GPS 42.631824, 8.939296 und direkt am Place Paoli (Höhenbeschränkung), GPS. 42.634629, 8.938664.*

URLAUBSVERGNÜGEN

Ein gemütlicher Stadtbummel durch die Gassen von L'Île Rousse verschönert jeden Urlaubstag.

AKTIVITÄTEN & SIGHTSEEING

1 Gar nicht lahm – der Ausblick vom Refuge du Prunicu

Allein schon ein Spaziergang durch die herrschaftlichen Palazzi des Minibergdorfs **Lama** lohnt einen Umweg. Die Toskana lässt grüßen! Fast alpin ist der Aufstieg zur verlassenen Berghütte **Refuge du Prunicu,** von der aus du nach 1,5 Stunden auf einfachen Wegen einen Superblick auf die Balagne und die massiven Zweitausender hast – unvergesslich! ***Infos:*** *Im Ort bei GPS 42.577059, 9.172559 die Treppenstufen hoch und den Schildern nach „Monte Astu" folgen.* ***Parken:*** *vor dem Ortseingang oder auf dem Dorfplatz bei GPS 42.575880, 9.172099 (enge Zufahrt!) | 29 km von L'Île Rousse*

2 ... und hier sind die Lamas!

Auf dem artgerechten Hofgelände **L'Isula di i Sogni** von Nathalie gibt es Hängebauchschweine, Pferde und Lamas zu bestaunen. Auch Kaninchen und Meerschweinchen freuen sich über Streicheleinheiten. ***Infos:*** *Erwachsene 6, Kinder ab 5 Jahren 5 € | Route d'Aregno (am großen Kreisverkehr vor Algajola links, GPS 42.604789, 8.873201) | Algajola | Tel. 06 68 53 60 99 | keine Website*

3 ... und hier die Toskana

Riesige Zypressen, bepflanzte Trockenmauern und Maquisgewächse wie Erdbeerbaum, Thymian, Rosmarin, Mastix und Lorbeer. Fast wie in der Toskana. Mitten im Idyll des **Parc de Saleccia** sprudelt eine Quelle munter und speist eine Teichanlage mit Wasserlilien und Teichlinsen. ***Infos:*** *April–Juni, Sept. Di–So 9.30–19, Okt. Mi–So 10–18 Uhr | Eintritt 9,50, Familienticket 27 € | parc-saleccia.fr*

4 Das Reginutal mit dem Offroad-Drahtesel erkunden

Dieses Tal war einst reiches Kulturland mit unzähligen Landkirchen und dem Konvent von Tuani. Ein MTB- und Wanderweg führt nach **Speluncato** und **Monticello** (VTT FFC2), auf dem du durch die verschlafenen Weiler **Ville-di-Paraso** und **Occhitana** gelangst. Da du knappe 18 Kilometer und 450 Höhenmeter auf holprigen Feldwegen zurücklegst, bist du am besten mit einem E-Mountainbike unterwegs ***Parken:*** *Parkplätze am Bahnhof Gare de Regino bei GPS 42.599495, 8.965848* **Infos:** *Von dort nach Süden, kurz nach dem Restaurant U Paesanu rechts abbiegen. Routenkarten gibt es beim Office de Tourisme in L'Île-Rousse und Calvi | balagne-corsica.com*

ESSEN & TRINKEN

5 Casa Musicale

Essen mit Aussicht und Musik! In Pigna hat sich eine kleine Musikercommunity in dem alten Herrenhaus **Casa Musicale** niedergelassen. Weil Musik hungrig macht, wird korsische Küche mit edlem italienischem Einschlag serviert. Unbedingt Terrassenplätze reservieren: Der Sonnenuntergang ist atemberaubend! ***Infos:*** *tgl. 12–14 u. 19–22 Uhr | Fondu di u Paese | Pigna | Tel. 04 95 61 77 31 | casamusicale.corsica/menu | €€€*

6 La Voûte

Alte Palazzi, mit Flusskieseln gepflasterte Gassen und ein herrlicher Ausblick – **Sant'Antonino** ist eine Zeitreise ins Mittelalter und eines der schönsten Dörfer Frankreichs. Zur Belohnung nach dem anstrengenden Aufstieg gibt es Korsikaküche mit Pep: Auberginencarpaccio mit Ziegenkäse, Zicklein in Sauce und fangfrischer Fisch des Tages oder Fischlasagne. ***Infos:*** *tgl. durchgehend | Place du Village | Sant'Antonino | Tel. 04 95 61 74 71 | keine Website | €€* ***Parken:*** *vor dem Ortseingang bei GPS 42.590002, 8.904897, von dort Eselsshuttle in die Altstadt | 15 €*

EINKAUFEN

7 Le marché couvert

Fein, klein und unübersehbar ist die schicke, offene Markthalle von L'Île-Rousse. Frisches Obst und Gemüse aus der Region und Île-de-Beauté-Spezialitäten gibt es hier zu fairen Preisen. ***Infos:*** *tgl. 8–19.30 Uhr | Place Pascal Paoli*

Insider-Tipp

Shoppen leicht gemacht

Wenn der Einkauf mal wieder größer ausgefallen ist, kannst du dir nebenan in der ***Boutique Illicite*** *eine stilvolle Einkaufstasche dazuaufen (Rue Notre Dame | boutiqueillicite.fr).*

8 Les Artisans à Pigna

Handgetöpferte Vasen, Teller, Krüge und Tassen in knallbunten Farben, traditionell hergestellte Musikinstrumente und handgefertigte Spieluhren: Im entzückenden Panorama- und Künstlerdorf Pigna kannst du dein ganz persönliches Souvenir erstehen. ***Parken:*** *kostenpflichtig am Ortseingang von Pigna bei GPS 42.599297, 8.903335* ***Infos:*** *viele Händler haben sonntags außerhalb der Saison geschlossen*

CHILL-OUT-AREA

Auf den Klippen von La Pietra kann man seinen Gedanken nachhängen.

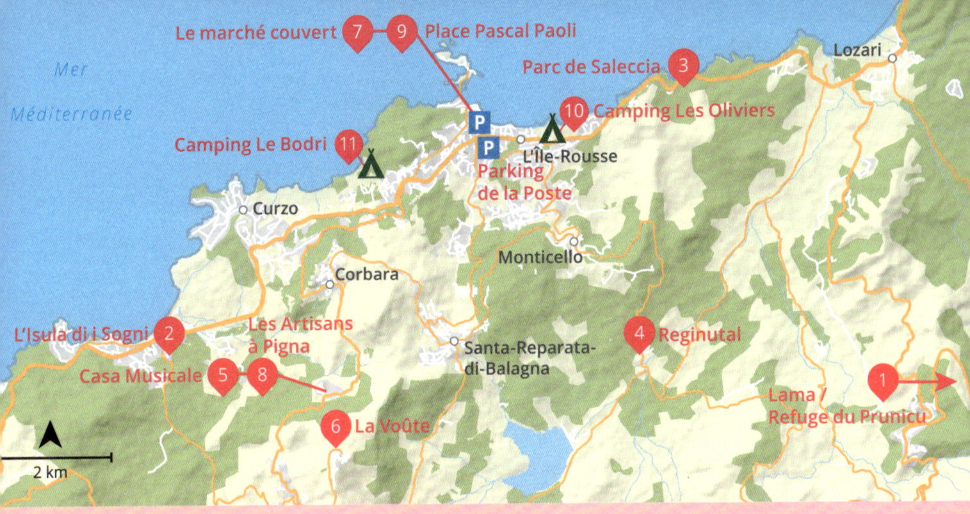

AUSGEHEN

9 Flâner & Pétanque in L'Île-Rousse

Wenn die letzten Baderatten vom Stadtstrand zurückkehren, spielen Einwohner und Urlauber auf dem großen **Place Pascal Paoli** Boule. Die Cafés und Kneipen drumherum servieren Pastis, Eisbecher und hausgemachte Limo: Die frühen Abendstunden in L'Île-Rousse haben einfach Flair! Lass dich auf den Rattanstühlen unter den Platanen nieder und genieße einen Hauch von Savoir-vivre!

STELL- & CAMPINGPLÄTZE

10 Innenstadtnah mit Steinstrand um die Ecke

Sauberer Campingplatz in einem Olivenhain mit schattigen, gut dimensionierten Stellplätzen. Gleich nebenan liegt eine kleine Bucht mit großartigen Schnorchelfelsen. Ins Zentrum von L'Île-Rousse spazierst du eine knappe Viertelstunde, dort liegt auch der schöne Stadtstrand.

Camping Les Oliviers 

€€€ | Route de Bastia, Monticello | Tel. 04 95 60 19 92 | camping-oliviers.com/de GPS: 42.631271, 8.952497

▸ **Größe:** *ca. 220 Stellplätze; Mietunterkünfte: Bungalows*
▸ **Ausstattung:** *Kinderspielplatz, Pizzeria, Waschsalon, Mietkühlschränke, Bäckerservice zur Saison, Tennisplatz um die Ecke*

11 Am Traumstrand

Den Traumstrand von Bodri, einer der schönsten Badeziele der Balagne, hast du auf diesem Platz gleich um die Ecke! Zu voll? Dann probier's einfach ein paar hundert Meter weiter an der Bucht Ghjunchitu. Besser früh da sein, da Stellplätze nicht reserviert werden können! Lifehack für den Sommer: Die unteren Stellplätze sind zwar näher zum Strand, aber oben am Hang ist es schön schattig.

Camping Le Bodri

€€€ | Route de Calvi, Corbara | Tel. 04 95 60 10 86 | campinglebodri.com GPS: 42.623720, 8.916377

▸ **Größe:** *350 Stellplätze*
▸ **Ausstattung:** *Snackbar mit Pizzeria, Lebensmittelladen, Waschsalon, Spiel- und Sportplätze, Billard und Tischtennis, im Hochsommer Themenabende, Haltestelle der Schnallspurbahn*

Calvi
Kolumbusstadt mit schönstem Hausstrand der Insel

In Calvi trifft Genua auf Korsika – schließlich war die Festungsstadt lange Zeit Brückenkopf der Ligurier. Heute sind es eher Franzosen, die hier ausspannen. Aufgrund der kurzen Wege gilt Calvi als *la plage la plus proche de Paris* – der Paris am nächsten gelegene Strand –, denn vom Flughafen zum traumhaften Stadtstrand sind es keine zehn Autominuten. Wenn im Sommer dann zu „Calvi on the Rocks" im seichten Badewasser getanzt wird, ist die große weite (Disko-)Welt ganz nah!

P *Bloß nicht in die Innenstadt fahren! Parke gegenüber des Super-U-Supermarkts bei GPS 42.561935, 8.755649 (3 €/Std.).*

CALVI ON THE ROCKS

Im Juli umwabern Diskovibes die mittelalterlichen Gemäuer der Zitaldelle.

AKTIVITÄTEN & SIGHTSEEING

1 Ziemlich vielseitige Halbinsel

Raus aus dem Womo, rauf aufs Rad! Das zackige Felskap **Punta di La Revellata** erkundest du am besten Offroad. Auf Trampelpfaden geht's durch Wildpistazien, Baumheide und Rosmarin die Küste aus rotem Granit entlang bis zum Strand von Ostelluccia. Noch Puste? Dann ab zum Leuchtturm mit Top-Ausblick auf die wuchtige Bastion von Calvi und die Berge der Balagne. ***Parken:*** *am Aussichtspunkt bei GPS 42.556135, 8.726041*

2 Göttliche Aussicht auf Calvi

Hoch über der Bastionsstadt ragt aus einem Granitblockmeer das Kirchlein von **Notre-Dame de la Serra.** Der Kirchvorplatz liefert einen wunderbaren Blick über den endlos weiten, halbmondförmigen Golfe de Calvi! ***Parken:*** *Ausschilderung „Chapelle ND de la Serra".* ***Infos:*** *Fußmarsch von Calvi ca. 1 Std.; zunächst den Beschilderungen zum „Hotel La Villa" folgen, dann den Ausschilderungen „Figaretto und Ch. de la Serra"*

3 Supermodel renoviert das Geisterdorf

Das **Village Abandonné d'Occi** ist ein verlassenes Ruinendorf mit Ausblick über den Golf von Calvi bis zum Cap Corse. Die Dächer sind eingestürzt, die Granitmauern verfallen. Lediglich die alte Dorfkirche wurde restauriert. Das französische Supermodel Laetitia Casta, deren Vater aus dem nahen Dorf Lumio stammt, hat die Aktion mitfinanziert. ***Infos:*** *zu Fuß ab Hotel A Casa Di Mà in Lumio | hinter dem Gebäude führt ein kleiner Weg Richtung Occi | Fußmarsch 40 Min | oder ab Campingplatz Le Panoramic | Route de Lavatoggio | Lumio | le-panoramic.com | GPS 42.588868, 8.847424*

4 Zitterzugfahrt entlang der Balagne

Trinighellu, „Die Zitternde", wird die Bimmelbahn genannt, weil die alten, langsamen Klapperwagen Eisenbahnromantikerherzen höherschlagen lassen. Die Tramway de Balagne verbindet Calvi mit L'Île-Rousse ***Infos:*** *Tagesticket für Hin- und Rückfahrt 6 € | Fahrplanauskunft auf der privaten Website corsica bus.org*

REGENTAG – UND NUN?

5 Auf den Spuren von Kolumbus wandeln

Christoph Kolumbus war Korse? Ja klar, und stammt aus Calvi! An der **Citadel de Calvi** erinnert ein großes Denkmal an den vermeintlich berühmtesten Sohn der Stadt. Irgendwo in den engen Gassen soll er aufgewachsen sein. Lass dich einfach durch die dunkle, mittelalterliche Altstadt des Burgbergs treiben! Übrigens ganz so absurd, dass Kolumbus Korse war, ist die Idee gar nicht. Schließlich gehörte die Insel zur Zeit der Geburt des Amerika-Entdeckers zu Genua. ***Infos:*** *Citadel de Calvi | GPS 42.567881, 8.759557*

Insider-Tipp

Parkgebühren sparen

*Der Trinighellu-Zug hält an vielen **Badestränden,** zum Beispiel in Sainte-Restitude, Arinella, Sant'Ambrogio und Bodri.*

ESSEN & TRINKEN

6 L'Inter

Auf dem **Camping International** dient die abends schön beleuchtete Poollandschaft als tolle Location für dieses Restaurant, das auch unter den Calvais als preiswerte Alternative zu den Gaststätten in der Innenstadt gehandelt wird: Die vielleicht besten Pizzen der Stadt, außerdem bestes Fleisch vom Grill und leckere Salatteller! ***Infos:** tgl. 18–24 Uhr | Av. Christophe Colomb | Tel. 04 95 65 01 | camping-calvi.fr und Instagram calvi_inter | € | GPS 42.556256, 8.758525*

EINKAUFEN

7 A Funderia

Zu Patrick Martin kommen Einheimische der Region, um sich ihr Hirtenmesser anfertigen zu lassen. ***Infos:** Mo–Fr 9–12 und 15–18 Uhr | Ausfallstraße Calvi am Parkplatz des Supermarkts Casino | afunderia.monsite-orange.fr/page1/| €€€*

8 Rue Georges Clemenceau

Flanieren, shoppen, stöbern: Auf der zentralen, kleinen **Einkaufsstraße** von Calvi gibt es alles von Kitsch bis Kunst. Anschließend geht's zum Cappuccino auf den Kirchplatz Santa Maria.

9 Bergerie de Frassigna

Der dichte Wald von Forêt de Bonifatu ist auch wegen Sandrine einen Besuch wert: Die Schäferin stellt hier seit über 20 Jahren besten Rohmilchziegenkäse her! ***Infos:** tgl. 9–12 u. 15–19 Uhr |*

VERBINDEND

Der Trinighellu zockelt täglich mehrmals von Calvi nach L'Île Rousse.

*Route de la Forêt de Bonifatu | Calenzana | € **Parken:** vor dem Hof bei GPS 42.448966, 8.829829*

STELL- & CAMPINGPLÄTZE

10 Sommer, Sonne, Strand in der City

Der im duftenden Pinienhain angelegte Platz liegt sowohl stadt- als auch citystrandnah. Morgens Minigolf, mittags ab in den Pool, abends am Strand chillen und dann über die tolle Promenade in 20 Minuten in die Stadt spazieren!

Camping La Pinède 

€€€ | Route de la Pinède |
Tel. 04 95 65 17 80 | camping-calvi.com
GPS 42.553707, 8.768603

▶ ***Größe:*** *260 Stellplätze; Mietunterkünfte: Roulottes, Mobilheime und Chalets*
▶ ***Ausstattung:*** *beheizter Swimmingpool mit Wasserrutschen, Supermarkt, Minigolf, Tennis, Spielplatz, Kinderclub und Animation im Juli und August, Fitnesspark, Sauna*

11 Schön und außerhalb

Schattige, großzügig parzellierte Stellplätze. Schmalspurbahnanschluss nach Calvi oder L'Île-Rousse. Zum Glück ist am nahen Flughafen nur wenig Verkehr.

Camping Dolce Vita 

€€€ | Lieu dit Ponte Bambino |
Tel. 04 95 65 05 99 | dolce-vita-calvi.com
GPS 42.554438, 8.789912

▶ ***Größe:*** *200 Stellplätze; Mietunterkünfte: Roulottes, Mobilheime und Chalets*
▶ ***Ausstattung:*** *Restaurant und Pizzeria, Einkaufsladen, Bootssteg, Tennisplatz, Schnallspurbahnhalt*

12 Die ruhige Alternative für Trekkingfans

Einfacher Platz etwa 7 Kilometer außerhalb von Calvi mit großzügigen, schattigen Stellplätzen. Das Naturparadies Forêt de Bonifatu direkt nebenan durchziehen viele Wanderwege und der Figarellafluss bietet tolle Badebecken.

Camping Paradella 

€€ | Route de l'aéroport , Calenzana |
Tel. 04 95 65 00 97 | camping-paradella.fr
GPS 42.502452, 8.790742

▶ ***Größe:*** *120 Stellplätze; Mietunterkünfte: Chalets und Mobilheime*
▶ ***Ausstattung:*** *Pool, Kinderspielplatz, Waschsalon, Tennisplatz, Snackbar*

Porto

Rote Felsen, tiefblaues Meer, atemberaubende Küstenlandschaft

Ach, wie schön ist Porto-Plage! Nach einem langen Tag auf See oder nach dem Schluchteln zwischen den zackigen Vulkanfelsen der Calanches kannst du an dem weitläufigen Kieselstrand bei einem Kaltgetränk von der kleinen Strandbar der untergehenden Sonne zuschauen. Wahrzeichen von Porto ist der wuchtige, alte Genueserturm, der seit Jahrhunderten Wind und Wellen trotzt und eine tolle Aussichtsplattform bietet. Zu Fuß des Turms laden eine Handvoll Restaurants zum Verweilen ein.

P *Besser die südliche Zufahrt nach Porto-Plage nehmen! Dort kostenfreie Parkplätze bei 42.266307, 8.695112 am Hafen und GPS 42.264410, 8.692928 am Strand. Ortsnah nur wenige kostenpflichtige Parkplätze bei GPS 42.267402, 8.696999, Fahrt bis nach Porto für Womos gesperrt!*

WOW!

Am Capu Rosso eröffnet sich ein atemberaubender Ausblick nach dem anderen.

AKTIVITÄTEN & SIGHTSEEING

1 Dem Capu Rosso über den Felsrücken kraxeln

Das porphyrrote Felskap ist der westlichste Punkt der Insel und du wanderst durch ein Potpourri aus duftender Lavendel-, Zistrosen-, Ginster- und Rosmarinmaquis entlang steiler Felswände bis zum in 331 Meter Höhe gelegenen Wachturm **Tour de Turghio.** Hier hast du den besten Blick auf die Küste von Scandola bis Cargèse. ***Infos:*** *Wanderung ausgeschildert | etwa 3 Std. pro Strecke* ***Parken:*** *Richtung Plage d'Arone | Wanderparkplatz mit Snackbar bei GPS 42.235407, 8.583857*

2 Mit dem Speed-Schlauchboot ins Piratendorf düsen

Hohe Felswände und zerklüftete Felszacken, tiefe Riffe und eine unvergleichliche Flora und Fauna: Der **Golf von Girolata** ist so einmalig, dass die UNESCO ihn zum Weltnaturerbe ernannt hat. In diesem Naturschauspiel geht das ehemalige Fischer- und Piratendorf trotz seines **Port de tourisme de Girolata** und seiner wuchtigen Zitadelle fast unter. Es zählt nur 20 feste Einwohner, ein paar wenige Häuser und Restaurants und hat keine Zufahrtsstraße. ***Infos:*** *Fahrten ab Porto durch Porto Linea | portolinea.com*

3 Bizarre Vulkanfelsspitzen und majestätische Tafonifelsen

Der Felsblock von **Château Fort** ist über eine kurze, gut ausgeschilderte Wanderung zu erreichen und zählt zu den besten Blickwinkeln auf das Naturspektakel der Calanches und das endlose Blau von Scandola. ***Parken:*** *wenige Plätze am Rand einer Haarnadelkurve am Tête de Chien bei GPS 42.252839, 8.657616*

4 Zackige Felsen, unberührte Natur und Minibuchten

Der grobe Kieselstrand von **Gradelle** ist wenig besucht und dank der Bootsrampe kannst du dein Kajak, SUP oder Schlauchboot super zu Wasser lassen. Achtung: unberechenbare Strömungen, häufige Wetterumschwünge und nur wenige Haltepunkte! ***Infos:*** *Enge, kurvige, aber gut ausgebaute Zufahrt über Osani bis zum Parkplatz GPS 42.303799, 8.647240 | Seekajakfans treffen sich auf dem* ***Campingplatz E Gradelle*** *| Osani | Tel. 04 95 27 32 01 | camping-corsica-gradelle.com | €€ | GPS 42.306587, 8.645849*

REGENTAG – UND NUN?

5 Baumheide im Museum bestaunen

Beim Streifzug durch die korsische Maquis fällt auf: Erika wächst auf der Insel nicht als Busch, sondern in kräftigen, kleinen Bäumen! Die kleine Ausstellung im **Le Petit Musée de la Bruyère** informiert über die Baumheide, deren Knolle von den Korsen einst zur Herstellung von Pfeifen verwendet wurde. ***Infos:*** *April–Juni, Sept. 9–19, Juli/Aug. 8–20 Uhr | 2,50 € (inkl. Tour Génoise) | Marine de Porto, GPS 42.267492, 8.691649*

ESSEN & TRINKEN

6 Brise de Mer

In diesem Restaurant direkt am Platz kannst du nichts falsch machen. Schon gar nicht, wenn du dich am All-you-can-eat-Salatbuffet bedienst. Von der Terrasse schöner Blick auf Hafen und Meer. ***Infos:*** *tgl. | Marine | Porto | Tel. 06 74 42 44 00 | Facebook: restaurantbrisedemer | €€*

7 Le Robinson

So muss eine Hafentaverne sein: Der Fisch fangfrisch, die Bedienung ein wenig muffelig, der Blick aufs Meer und den Sonnenuntergang extraklasse! Lecker ist auch die Fischterrine *soupe de poissons*. Für eine gegrillte oder pochierte Languste musst du tiefer in die Tasche greifen. ***Infos:*** *tgl. | Port de Porto | Tel. 04 95 26 17 60 | le-robinson-porto.business.site | €€€*

8 Le Palmier

Tolle Terrassen über dem Meer: Hier kannst du perfekt gemixte Cocktails, hausgemachtes Eis oder schön angerichtete Salat- und Pastateller genießen. Abends gibt's den Sonnenuntergang als Gratiszugabe – wenn diese nicht gerade jahreszeitenbedingt hinter dem Genueserturm ihren Abgang macht. Die besten Plätze besser reservieren. ***Infos:*** *Bar 10–2, Restaurant 12–15 u. 19–22 Uhr | Marina | Porto | Tel. 04 95 26 14 48 | brasserielepalmier.fr | €€*

9 L'Usteria

Rustikale, urige, korsische Küche und ab vom Schuss im Bergdorf Serriera – vorausgesetzt du hast kein Gespann hinten dran, denn die Zufahrt ist eng! ***Infos:*** *tgl 19–22 Uhr | Serriera | Tel 06 17 55 90 51 | keine Website | €€* ***Parken:*** *oberhalb des Gite L'Alivi, GPS 42.299915, 8.707532*

SLOW DOWN

Fangfrischer Fisch zum Sundowner – ein perfekter Ausklang im Le Robinson.

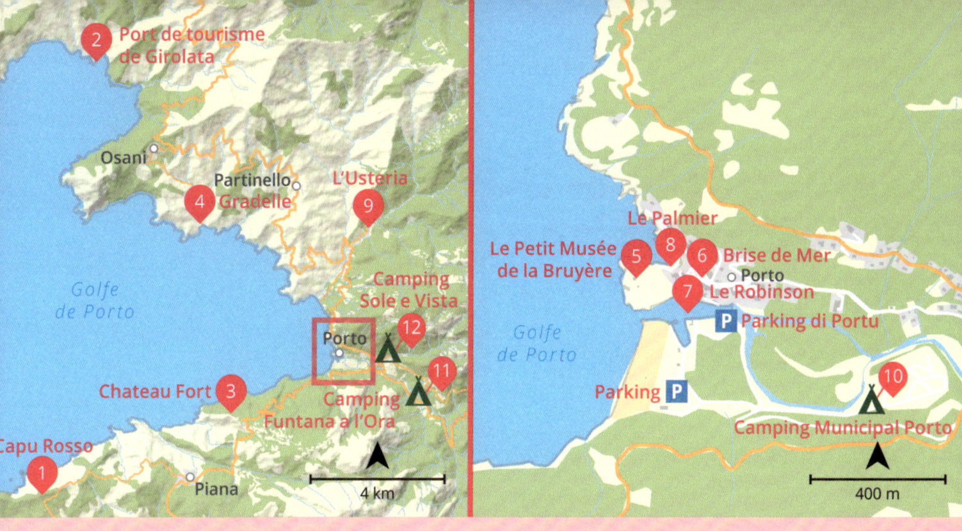

STELL- & CAMPINGPLÄTZE

10 Der Einfachste und Strandnächste

Der kommunale Campingplatz von Porto bietet nicht mehr ganz neue Basics zu billigen Preisen und wird vor allem von Wanderern und Wassersportlern genutzt. Zweckmäßige Stellplätze für wenige Nächte in einem schattigen Eukalyptushain. Zum Strand, nach Porto und zu dem Minimarkt im Ort kannst du laufen.

Camping Municipal Porto 

€ | Route de la plage, Porto | Tel. 04 95 26 17 6 | campingmunicipal-otaporto.fr
GPS 42.263401, 8.700729

▶ **Größe:** *300 Stellplätze*
▶ **Ausstattung:** *Ver- und Entsorgung, Strom*

11 Lieblingsplätzchen im verwunschenen Wald

So geht schön: schattig unter Steineichen und zum Hängematte aufspannen, mit moosbewucherten Findlingen und Mäuerchen säuberlich abgetrennte Plätze. Die eigene Flussbadestelle ist gleich um die Ecke. Wem es dort zu frisch ist, kann in den beheizten Pool springen. Wanderweg in die Speluncaschlucht.

Camping Funtana a l'Ora 

€€ | il Campo – Route d'Evisa |
Tel. 06 18 81 17 13 | funtanaalora.fr
GPS 42.253756, 8.722461

▶ **Größe:** *75 Stellplätze; Mietunterkünfte: Mobilheime und Holzchalets*
▶ **Ausstattung:** *Pizzeria und Bar, Spiel- und Sportplätze, Fitnessparcours, Bäckerservice, Musik am Abend*

12 Die komfortable Alternative mit Aussicht

Premiumpool mit Hammerblick! Auch der Rest der Ausstattung kann sich sehen lassen. Leider etwas enge Stellplätze. Supermärkte und Straßencafés gleich um die Ecke, zu Fuß kommst du bis nach Porto.

Camping Sole e Vista 

€€€ | Centre Ville | Tel. 04 95 26 15 71 |
camping-sole-e-vista.fr
GPS 42.263484, 8.710499

▶ **Größe:** *170 Stellplätze; Mietunterkünfte: Bungalows und Glampingzelte*
▶ **Ausstattung:** *Swimmingpool, Restaurant, Snackbar, Fitnessparcours und Sportplätze, Waschsalon*

Spot 9

Calacuccia & die Niolohochebene

Mächtige Zweitausender, einsame Hochebene und viel Tradtion

Hier leben die korsischen Traditionen! Das abgeschiedene, breite Hochtal ist das Land der Hirten und Käsebauern, aber auch der Wanderer mit Anspruch: An den Hängen der gewaltigen Massive des Monte Cinto und Paglia Orba im Norden und der Punta Artica im Süden schlängelt sich ein Netz von einsamen Maultierpfaden und anstrengenden Wanderwegen. Selbst im Sommer ist es hier am Col de Vergio und in der Schlucht von Scala di Santa Regina angenehm frisch.

P *In Calacuccia entlang der Hauptstraße am Café de France – hier stoppen sogar große Reisebusse!*

BERGPARTIE

Eine Wanderung durch einmalige Landschaft führt dich hinauf zum korsischen Königsbergsee Lac de Nino.

AKTIVITÄTEN & SIGHTSEEING

1 Brückenbaden am Golo

Kurz vor Albertacce spannt sich eine fotogene Brücke über den Golofluss – und gleich daneben ihr fotogenes Vorbild aus der Genueserzeit. Wenn der Fluss viel Wasser führt, sprüht und sprudelt das eiskalte Bergwasser mächtig zwischen den rundgewaschenen Felsen. Im Sommer kannst du unter der alten Brücke **Ponte Altu** in glasklaren Badegumpen die Seele baumeln lassen. ***Parken:*** *gleich hinter der Brücke bei GPS 42.319719, 8.976612*

2 Die Königstreppe von ganz oben bestaunen

Man kann die Goloschlucht Scala di Santa Regina auch auf dem alten Maultierpfad **Sentier de la Transhumance** erkunden, der sich eng an die steilen Felswänden klammert. Unterwegs liegt eine alte Genueserbrücke mit schattigen Rastplätzen und Badegumpen. ***Infos:*** *nach Corscia und zurück etwa 4 Std.* ***Parken:*** *sehr wenige Möglichkeiten für Bullies bei Funtana di a Vingenti GPS 42.374228, 9.080241, Einstieg in der Kurve an einer großen Platane; weitere Plätze 1 km flussabwärts*

Insider-Tipp

Camperfreundlicher Startpunkt

Für die talwärtige Scalatour startest du am ***Rathaus von Corscia*** *bei GPS 42.354353, 9.042827 und folgst von dort den Holzschildern „Scala di Santa Regina par le haut ou Village".*

3 Zum Hochgebirgssee hiken

Der **Lac de Nino** ist der König der korsischen Bergseen: Königsblau leuchtet er zwischen sattgrünen, moorigen Graswiesen, auf denen halbwilde Pferde, Schweine und Kühe grasen. Der Aufstieg führt an Flussbetten entlang, durch Erlenwäldchen und über rutschige Felsplatten zur Bergerie de Colga und über die Baumgrenze zum Pass von Bocca a Stazzone, wo du einen Premiumblick auf den See und die umgebenden Bergriesen hast. Zurück geht's auf demselben Weg oder – wenn du noch Puste hast – auf dem Gratweg des GR20 bis zum Col de Saint-Pierre und von dort Richtung Hauptstraße zurück zur Försterei. ***Infos:*** *Aufstieg 3 Std.* ***Parken:*** *gut markierter Parkplatz und Ausschilderung an der D84 am Forsthaus von Poppaghja bei GPS 42.284457, 8.921102*

4 Durch dichte Schwarzföhrenforste galoppieren

Im **Forêt de Valduniellu** kannst du auf Anmeldung bei den Jungs von **Ranch U Niolu à cavallu** herrliche Reitstunden durch den Wald oder bis zu schönen Badegumpen buchen. Mit genügend Reiterfahrung reserviere einen Tagesritt bis zum Ninosee. ***Infos:*** *2 Std. Ausritt 41 €, Tagestour 120 € | an der Straße vom Col de Vergio nach Calacuccia bei GPS 42.297331, 8.939257 | ranchunioluacavallu.fr*

ESSEN & TRINKEN

5 A Casa Niulinca

Hier kommt Lokales auf den Tisch: riesige Salatteller mit Chèvre Chaud aus dem

Niolo oder ein leckerer, wärmender Kalbsfleischeintopf *Stuffatu del Veau.* ***Infos:*** *tgl. | So-Abend, Mo-Mittag geschl. | Av. De La Scala | Calacuccia | Tel. 04 95 48 04 85 | Facebook: A Casa Niulinca | €€*

6 Restaurant du Lac

Preiswertes Ausflugsrestaurant. Nach der leckeren Pasta, einem Salat oder der Spezialität des Hauses, Wildschwein aus den Niolowäldern und Kalbskutteln, tut ein Verdauungsspaziergang am Lac de Calacuccia gut! ***Infos:*** *tgl. 12–14 u. 19–22 Uhr | Sidossi | Calacuccia | Tel. 04 95 48 02 73 | keine Website | €€* **Parken:** *am See bei GPS 42.326789, 9.004704*

EINKAUFEN

7 Gaec A Sulana

Der typisch eckige Weichkäse aus dem Niolotal wird von Januar bis Juli aus Schafs- und Ziegenkäse hergestellt. Frisch ganz mild, nach drei Monaten kräftig. Ganz reif ist der *casgiu niulincu* nur was für Käsekenner, wenn er seinen würzig-animalischen Duft im Camperkühlschrank verströmt. Kostproben bei Marie-Antoinette Albertini im Hofladen! ***Infos:*** *Dez.–Juli 10–17 Uhr | Route du Stade | Albertacce | Tel. 04 95 48 08 93* **Parken:** *bei GPS 42.323409, 8.982154 scharf rechts abbiegen*

8 Coultellerie Forge

Der junge Joseph Alfonsini fertigt in seiner kleinen Werkstatt nicht nur das Kurzmesser *curnicciolu*, sondern auch praktische Schneidewerkzeuge mit Schafhorngriff für die Camperküche. ***Infos:*** *Terminbuchung über Facebook: À stazzona DI NIOLU | I Milleli-Pietra | Albertacce | Tel. 07 63 34 19 90* **Parken:** *enge Zufahrt über die D318 bei Albertacce nach GPS 42.330424, 8.981853*

ECHT SCHA(R)F

Das *curnicciolu* ist auf Korsika ein beliebtes Allzweckwerkzeug.

AUSGEHEN

9 Keine Party in Calacuccia

Die Niolohochebene ist wahrlich kein Ort für Nachtschwärmer. Hier werden die Gehsteige früher als andernorts in Korsika hochgeklappt. Einzig im beschaulichen **Kneipendreieck** zwischen der Brasserie Acquaviva, dem Restaurant U Valduniellu und dem Café de France herrscht ein wenig Leben.

STELL- & CAMPINGPLÄTZE

10 Einfach, aber einfach herzlich

Mitten in Calacuccia hat Mathieu auf seinem alten Hof einen einfachen, aber herzlich geführten Stellplatzcamping erschaffen. Er gibt dir bereitwillig Auskunft über Wanderungen und Exkursionen und mit etwas Glück erwischst du einen der schönen Stellplätze mit Blick auf den Stausee. Wenn's morgens leise bimmelt, dann sorgt eine Schafherde dafür, dass die grasbewachsenen Stellplätze einen Rasenschnitt bekommen! Mit Basics kannst du dich fußläufig im Dorf eindecken.

Camping Acquaviva

€€ | Lieu-Dit Scadarcciole, Calacuccia | Tel. 04 95 48 00 08 | acquaviva-corse.fr GPS 42.332973, 9.009872

- **Größe:** *25 Stellplätze; Mietunterkünfte: einfache Zimmer mit Hotel*
- **Ausstattung:** *Picknickbänke, Strom, Wasser*

11 Von hier den König der korsischen Berge besteigen

Der Monte Cinto ist die höchste Erhebung der Insel und überragt mit 2706 Metern das Bergpanorama des Niolotals. Von der Spitze aus kannst du wirklich die ganze Insel sehen! Der Südaufstieg ist einfacher und kürzer als die Nordhangvariante vom Ascotal aus, aber kein Familienausflug, sondern eine stramme Tagestour, die etwa zehn Stunden dauert! Auf dem Platz suchst du vergebens nach Serviceeinrichtungen, aber nach der (Tor-)Tour willst du sicher einfach nur ins Campingbett fallen!

Camping U Monte Cintu

€ | Lozzi, Corscia | Tel. 06 17 78 59 14 | camping-u-monte-cintu.com | GPS 42.348602, 9.010178

- **Größe:** *50 Stellplätze*
- **Ausstattung:** *einfaches Restaurant, Wasser und Strom*

KAISERKULT

Napoleonsouvenirs aller Art findest du überall in Ajaccio.

Tour C

Rote Felsen, unsterbliche Kaiser und einsame Wälder
Von Porto über Ajaccio quer durch die Insel nach Aléria

Wer's schön haben will, muss erst einmal Kurven kratzen – und das entlang der spektakulärsten Küste Korsikas. Die Kurvenfahrt quer durch das Inselinnere ist danach schon fast ein Kinderspiel! Unterwegs erwarten dich menschenleere Bergmassive, ein aufregender Abstecher in die Geburtsstadt von Napoléon Bonaparte, eine Tour durch Korsikas Mitte und ein gechilltes Ausrollen in Richtung der sanft-hügeligen Ostküste der Insel.

Tour C im Überblick

Tour-Highlights

In den *Calanches de Piana* durch einen Märchenwald aus Stein cruisen ▶ **S. 90**

Den alpinen Seerosensee *Lac de Credo* vom Rücken eines Esels aus erkunden ▶ **S. 99**

Am *Camping Pont de Truggia* vom Womo in die schwimmbadgroßen Badegumpen hüpfen ▶ **S. 101**

Bei der Napoleontour durch *Ajaccio* auf den Spuren des ersten französischen Kaisers wandeln ▶ **S. 103**

Am *Monte d'Oro* Wasserfälle und Wackelsteinmadonna erleben ▶ **S. 108**

C Tourenverlauf

Start & Spot 8

Porto
Rote Felsen, tiefblaues Meer und atemberaubende Küstenlandschaft ▶ **S. 78**

Optionaler Anschluss: Tour B

12 km

Deine Route von Porto Richtung Süden ist denkbar einfach zu finden: Die D81 ist die einzige Küstenstraße Richtung Piana/Cargèse/Ajaccio. Sie ist eine der spektakulärsten Strecken der Insel überhaupt, aber auch eine der hindernisreichsten. Hier fährst du mitten durchs UNESCO-Welterbe der **Calanches** *(Calanques)* **de Piana.** Links und rechts begleiten dich rostrote Felsen aus vor Jahrmillionen in fabelhaften Formen erstarrtem Lavagestein, und wuchtige Steineichen und Kiefern säumen den Weg, das stahlblaue Meer ganz weit unten. Dazwischen windet sich das kleine, oft nur durch ein viel zu niedriges Steinmäuerchen vom Abgrund getrennte Sträßchen. Es hilft alles nichts, da musst du durch – der Weg durch die Calanches gehört auf jede Korsika-Bucketlist! Wo ein großer Reisebus durchkommt, kannst auch du dein Gefährt mit Geschick und Blick auf die Straße durchlenken. Zur Saison wird der Verkehr an den engsten Stellen von Wachmännern dirigiert, also brav Folge leisten! Zwischen Kraftwagen und Kurven tummeln sich immer Karawanen von Fußgängern, denn Reisebusse lassen ihre Fahrgäste gerne aussteigen, um sie ein paar hundert Meter später wieder aufzusammeln.

Die wohl bizarrste Felsenform ist ***Les Amoureux des Calanches,*** *zwei Felstürme, die sich zu umarmen scheinen und ein Herz bilden. Um das Motiv vor den Zoom zu bekommen, musst du aber herzlich viel Glück haben, dass die enge Haltebucht bei GPS 42.244829, 8.653797 frei ist. Eindrucksvoll ist sonst auch das Chateau Fort (**▶ S. 79**).*

Schön und schön stressig – nach lohnenswerten drei Kilometern durch den zu Stein gewordenen Märchenwald muss ein erster Zwischenstopp in Piana her!

Piana

Das kleine Städtchen liegt einfach spektakulär hoch über dem Meer und zählt dank seiner Granitsteinhäuschen zu den schönsten Dörfern Frankreichs. Hier kannst du auf Scandola und die spektakuläre Küste zurückblicken, die du soeben erklommen hast!

P *Camper sind in Piana nicht willkommen und die Parkplätze im Ort mit einer Höhenschranke ausgestattet. Vielleicht hast du auf dem Kundenparkplatz des Utile-Supermarkts Glück (GPS 42.237305, 8.636689).*

Insider-Tipp
Bester Blick auf Piana

*Von Norden kommend leicht zu übersehen ist das Schild Richtung **Belvédère de Saliccio.** Hier erwartet dich ein Rundumblick-Aussichtspunkt der Spitzenklasse! Steile, enge Zufahrt nur für Bullies und kleine Camper.*

Wenn du zur Wandertour nach **Capu Rosso** (▶ S. 79) möchtest, musst du im Ortskern von Piana abbiegen. Ab Piana kannst du dich auf die 13 Kilometer lange Panoramastrecke zur Bilderbuchbucht von **Plage d'Arone** machen. Dort wartet der etwas staubige, aber praktisch strandnahe **Camping Plage D'Arone** *(Tel. 04 95 20 64 54 | keine Website | €€€ | GPS 42.210762, 8.586025).*

19 km Weiter geht's nach Süden. Die D81 Richtung Cargèse ist kurvig, gut ausgebaut und dank vieler Haltebuchten hat auch der Fahrer ab und an etwas von der tollen Aussicht auf die fast unverbaute Landschaft. Genial gen Tal geht es vorbei an der **Messerschmiede von Kevin Muzikar** (▶ S. 101). Kurz vor Cargèse weist ein Schild zum Club Med auf

ERHOLSAM?

Piana ist eher camperfeindlich. Einen der wenigen Aussichtsparkplätze findest du vor dem Hotel Capo Rosso.

KONDITION UND KRAXELFELSEN

Eine Wanderung am Capu Rosso ist im Sommer eine schweißtreibende Angelegenheit, die Trittfestigkeit erfordert.

den Strand von Chiuni hin, an dem du fast direkt am Meer parken kannst (zur Saison gebührenpflichtig). Vor Cargèse gibt es schöne Terrassenplätze auf dem **Camping Torracia** *(Bagghiuccia | Cargèse | Tel. 04 95 26 42 39 | camping-torraccia.com | € | GPS 42.162388, 8.597857)* und kurz danach Premiummeerblick auf dem **Bauernhof von Mandriale** mit Restaurant, Gemüse aus eigenem Anbau und Hoftieren *(Camping à La Ferme | Route de Lozzi D81 | Cargèse | Tel. 04 95 25 59 60 | lemandriale.com | € | GPS 42.15852460649782, 8.606732884286941)*. Nächster Halt: Cargèse.

Spot **10**

Cargèse

Tolle Strände, spannende Historie und in den Bergen versteckte Geisterdörfer ▶ **S. 98**

13 km

Die Ortsdurchfahrt von Cargèse ist nicht breit, aber kurz und auch mit großem Heim auf Rädern machbar. Immer auf der D81 Richtung Ajaccio bleiben. Einige Parkbuchten oberhalb der Küste, an der sich das Sträßchen entlangschlängelt, laden auch den Fahrer zum Panoramagucken ein. Nächster Zwischenstopp ist das Seebad und Straßendorf von Sagone.

Sagone

Das Gebiet war hier früher sumpfig, malariaverseucht und gefährlich. Unzählige Genuesertürme entlang der Küste erzählen davon, dass einst Piraten im 16. Jh., Franzosen im 18. Jh. und Engländer im frühen 19. Jh. versuchten, die Insel vom Meer aus zu erobern. Deshalb wurde der alte Ort 1625 nach einem Barbarenangriff verlassen und die seinerzeit herrschenden Bischöfe zogen es vor, in die Berge ins nahe Vico zu ziehen. Vom alten Sagone zeugen nur noch ein paar Ruinen wie die Reste der romanischen Kirche von Sant'Appiano. Bis heute hat der Ort keinen Ortskern, aber dafür einen großen und weiten Sandstrand.

P *Großer Parkplatz im Ort bei GPS 42.114776, 8.697025*

18 km Wenn du von großartigen Stränden nicht genug bekommen kannst, bist du an diesem Küstenabschnitt genau richtig: Die D81 führt an den azurblauen Badebuchten **Santana** und **San Giuseppe** vorbei. Südlich der Liamonebrücke liegt etwas im Hinterland versteckt der **Camping U Sommalu** *(Plaine Liamone | Casaglione | Tel. 04 95 52 24 21 | usommalu-camping.fr | €€ | GPS 42.070772, 8.730677 | nimmt keine Reservierungen für Womoplätze entgegen)*. Wenn du hier kein Glück hast, hat vielleicht der **Camping Les Couchants** *(CD 25 Plaine Liamone | Casaglione | Tel. 04 95 52 26 60 | campinglescouchants.fr | €€ | GPS 42.079796, 8.747731)* noch einen Meerblick-Sonnenuntergangs-Stellplatz für dich. Hinter Liamone macht die D81 eine weite Linkskurve.

Insider-Tipp

Mittagessen mit Meeresrauschen

Um zu diesem lauschigen Brotzeitplatz über den Felsen zu gelangen, parkst du den Camper am besten bei GPS 42.064135, 8.721957 und spazierst 150 Meter an der Küste zurück.

Die D81 führt weiter die Küste entlang durch das ans Meer gebaute Strandbad von **Tiuccia.** Nicht gut für Camper, aber an der nächsten Bucht, dem **Golfe de la Liscia,** hast du die Wahl zwischen drei Campingplätzen: dem **A Marina** am Strand *(Golfe de la Liscia | Calcatoggio | Tel. 04 95 52 21 84 | camping-amarina.com | €€€ | GPS 42.048040, 8.749102)*, dem an der Straße gelegenen, schattigen **Camping La Liscia** *(RD 81 Lieu dit la Liscia | Tel. 04 95 52 20 65 | laliscia.com | €€ | GPS 42.047499, 8.755089)* und dem luxuriösen **Camping LACASA** *(D81 | Calcatoggio | Tel. 04 95 10 09 78 | lacasa-camping.com | €€ | GPS 42.041300, 8.754423)* mit nur wenigen engen Womostellplätzen.

C Tourenverlauf

Col de San Bastiano

Hinter Liscia führt die D81 steil bergauf. Wenn hinter dir mal wieder gedrängelt wird, lass den nachfolgenden Verkehr einfach vorbeisausen: An mehreren Kehren wurden großzügige Überholspuren eingerichtet. Von oben kannst du in Ruhe einen Blick auf die Strecke werfen – und eine herrliche Aussicht auf den Golf von Liscia genießen. Zur Saison macht sogar eine kleine Imbissbude auf, die eiskaltes Panoramabier serviert *(GPS 42.022885, 8.742102)*. Hast du dein eigenes Kaltgetränk dabei, wartet ein paar hundert Meter weiter an der Landkapelle ein Picknickplatz auf dich *(GPS 42.022073, 8.734406)*.

12 km Jetzt beginnt ein weiterer Panoramaabschnitt der D81. Ein Genuss vor allem für den Beifahrer, denn es folgt eine Kurve auf die nächste. Die D81 rollt sanft durch die Vororte von Ajaccio in Richtung der Inselhauptstadt aus. Im Kreisverkehr von Afa geradeaus und nicht links auf die D161 abbiegen, bis du bei Aqua Longa auf die Hauptverkehrsstraße T22 triffst, auf die du im Kreisverkehr links einbiegst. In der Peripherie von Ajaccio herrscht eigentlich immer Verkehr. Kein Wunder, denn hier lassen die größten Shoppingtempel der Insel das Konsumherz höherschlagen. Der Weg in die Altstadt ist fast überall ausgeschildert.

Spot 11

Ajaccio

Mondäne Kaiserstadt am Meer ▶ **S. 102**

Optionaler Anschluss: Tour D

43 km Die Ausschilderung Richtung Bastia, Calvi und Corte führt dich auf die T 20 Richtung Berge. Zunächst in leichtem Anstieg geht es durch Felder und Obstplantagen. Links und rechts der Straße bestimmen kleine Weiler und Höfe das Bild. Nach einer Viertelstunde Fahrt weist eine dinosauriergroße Werbetafel auf den **Schildkrötenpark U Cupulatta** (▶ S. 103) hin. Nur ein paar hundert Meter weiter liegt, direkt zwischen Straße und dem Gravonafluss, der **Camping Les Eaux Vives** mit Flussbadestellen in einem schattigen Eukalyptuswäldchen *(A Suaricchio | T 20 km 21 | Vero | Tel. 06 29 96 11 65 | camping-ajaccio.fr | € | GPS 42.029571, 8.913133)*. Die T20 ist die Hauptverbindungsstraße von Ajaccio nach Bastia und das macht sich oft am Verkehrsaufkommen bemerkbar. Am Kreisverkehr vor Bocognano musst du im Kreisverkehr Richtung Bastelica abbiegen, wenn du dir den **Brautschleierwasserfall** ansehen möchtest (▶ S. 107).

Ansonsten links: Hier steigt die Hauptstraße steil an und Überholfahrstellen sollen vor allem dafür sorgen, dass Autofahrer LKWs und Camper hinter sich lassen können. In steilen Kurven mit stolzen acht Prozent Steigung windet sich die Straße Richtung Vizzavona, das gleich in mehrerer Hinsicht grenzwertig ist. Am Pass, dem Col de Vizzavona, verläuft nicht nur die Grenze zwischen den beiden korsischen Departements, sondern auch die Wasser- und Wetterscheide. Deswegen ist die Straße nicht selten vom Spätherbst bis ins Frühjahr wegen Schneefällen gesperrt. Dann bleibt dem innerkorsischen Fernverkehr nichts anderes übrig, als den langen Umweg über Bonifacio zu nehmen, wenn man von Ajaccio nach Bastia gelangen will.

Spot 12

Vizzavona

Sommerfrische, Kiefernwald und Outdoor-Eldorado ▶ **S. 106**

11 km

Hinter Vizzavona führt dich die T20 durch einen dichten Buchenwald. Mutet mächtig wie deutsches Mittelgebirge an, ist aber immer noch Korsika! Erinnerungen an den Indian Summer werden wach bzw. an den *été indien corse* im Oktober. Kurz hinter einer Tankstelle geht es links ab nach Tattone und zum einzigen **Campingplatz** der Gegend (▶ S. 109).

Optionaler Anschluss: Tour E

AUSSICHTSREICH

Früher hart umkämpft, heute leerstehend: In der Zitadelle von Ajaccio soll ein Kulturzentrum entstehen – mit Premiumausblick, versteht sich.

KONTROLLE IST BESSER

Vom Fortin de Pasciola kontrollierten die Franzosen im 18. Jh. den Zugang zum Vecchiotal.

Panoramaparkplatz Fortin de Pasciola

Auf dem großen Panoramaparkplatz *(GPS 42.174695, 9.165136)* musst du einfach anhalten: Die Aussicht auf die **Burgruine** des Fortin de Pasciola ist grandios! Nicht weniger spektakulär ist auch die Aussicht von der viereckigen, von einem Burggraben umgebenen Festung aus. Hier kannst du nachvollziehen, was die Position des Forts einst so besonders machte: Das gesamte Tal und der Zugang Richtung Corte von Westen her ist bestens zu überblicken. Der Spaziergang zum Fort nimmt hin und zurück etwa eine halbe Stunde in Anspruch.

17 km In engen Kurven windet sich die Hauptstraße durch Vivario. In einer der netten Dorfkneipen kannst du eine Kaffeepause einlegen, wenn du denn einen der wenigen Parkplätze ergatterst. Unweit der Straße verläuft auch die Eisenbahnlinie von Ajaccio nach Corte.

Eng und einspurig ist die alte Hauptstraße, die einst unter einem ganz besonderen Bauwerk vorbeiführte: der spektakulären Eisenbahnbrücke ***Viaduc ferroviaire du Vecchio,*** *die sich über den Canyon des Vecchioflusses spannt. Bauherr des Stahlkolosses (171 Meter lang, 84 Meter hoch) war kein geringerer als Alexandre Gustave Eiffel. Am besten stellst du deinen Camper an der Haltebucht bei GPS 42.191560, 9.167437 ab und spazierst die alte Straße bis unter die Brücke entlang. Hier hast du die Eisenbahnbrücke, die neue Straßenbrücke über den Vecchio sowie den ursprünglichen Straßenverlauf bestens im Weitwinkelblick.*

Kurz vor der lebendigen Ortschaft Venaco darfst du die Abfahrt nicht verpassen: Hinter dem Hotel U Frascone zweigt die D143 nach rechts Richtung Nocera ab. Das enge Sträßchen ist ein Shortcut in Richtung Ostküste und führt unter anderem an dem schön gelegenen Stellplatz **Camping aire naturelle Peridundellu** *(Vallée du Vecchio | Venaco | Tel. 06 95 73 20 66 | campingvenaco.e-monsite.com | € | GPS 42.223546, 9.194215)* vorbei. Die kleine Départementstraße schwingt sanft Richtung Tavignanotal aus und nach kurzer Fahrt triffst du auf die Hauptstraße T50 Corte–Aléria, auf die du nach rechts abbiegst.

Pont d'Altiani

Dieses Prachtexemplar genuesischer Brückenbaukunst aus dem 17. Jh. spannt sich in drei stolzen Bögen über den reißenden Tavignanofluss. Wenn du kurz vor der Brücke auf dem Parkplatz bei GPS 42.221927, 9.263902 zum Stehen kommst, kannst du über die Brücke spazieren oder am Fluss ins Wasser springen – das herrlich klare Bergwasser hat hier ein riesiges Badebassin geschaffen.

30 km

Über die neue Tavignanobrücke rollen du und dein fahrbarer Untersatz in weiten Kurven Richtung Meer aus. Ein toller Ausgangspunkt für Kanukünstler (Verleih: **Club Nautique d'Aléria** ▶ S. 51) und Flussbadefans ist der kleine **Camping Ernella** auf dem top-gepflegten Gelände des **Käsebauern Françoise Mariani** *(Ernella | Aléria | Tel. 06 25 90 84 01 | ernella.fr | € | GPS 42.208263, 9.345308)*. In Aléria endet die T50 und trifft auf die Ostküsten-Magistrale der T10. Sanfte Hügel, fruchtbares Land, Lagunenseen voller Muscheln: Das fanden schon die Römer so toll, dass sie von ihrer einst mächtigen Handelstadt Aléria ein archäologisches Freiluftmuseum hinterlassen haben. Lange, hell-feinsandige Strände sind die Glanzstücke der Costa Serena und locken heute Urlauber an diesen unaufgeregten Strandabschnitt, zum Beispiel an den **Marina d'Aleria Camping** *(Plage du Padulone | Aléria | Tel. 04 95 57 01 42 | marina-aleria.com | €€ | GPS 42.111569, 9.549936)* mit seinen Stellplätzen in erster Reihe zum Meer.

Ziel & Spot 5

Aléria & Ghisonaccia

Badeparadies: in Flüssen und an endlosen Stränden ▶ **S. 50**

Optionaler Anschluss: Tour A

Cargèse
Tolle Strände, spannende Historie und in den Bergen versteckte Geisterdörfer

Cargèse ist charmant, mediterran und verschlafen. Hier an der korsischen Westküste steppt allenfalls am Strand und an den Yachthäfen der Bär – zur Hochsaison. Darum entdecke nach einem ausführlichen Strandspotting das Hinterland: Einsame Bergseen, verschlafene und verlassene Dörfer, Hügel und Täler abseits vom Badetourismus warten auf dich. Die Nacht verbringst du auf Top- oder charmanten Ministellplätzen mit Familienanschluss.

P *Großer Parkplatz gleich am nördlichen Ortseingang bei GPS 42.136258, 8.594945.*

HELIKOPTERKIRCHEN

Die katholische und die orthodoxe Kirche haben sich in Cargèse gegenseitig im Blick.

AKTIVITÄTEN & SIGHTSEEING

1 Griechische Kirchen in Cargèse gucken

In der Kirche **San Spyridon** sieht es ganz schön griechisch aus: Orthodoxe Ikonen und moderne Fresken schmücken Wände und Gewölbe, eine reich verzierte Ikonostase trennt das Kirchenschiff vom Altarraum. Kein Wunder, denn die Gründung des Ortes geht auf griechische Siedler zurück und deswegen gibt es hier eine orthodoxe und die katholische Église **Sainte-Marie-de-l'Assomption,** die sich genau gegenüberstehen. ***Infos:*** *großer Parkplatz bei GPS 42.136478, 8.595392*

2 Auf extrabreiten Reifen zum Wachturm cruisen

Mit E-Fat-Bikes gleitest du über den Sandstrand von Péru, selbst den Berg hoch musst du dank elektrischer Unterstützung nur ein wenig strampeln. Der Hit ist der anschließende Apéro mit Sonnenuntergangsblick am alten Wachturm **Torra d'Omigna.** ***Infos:*** *ab 40 € | A Spassu | Tel. 06 49 22 25 83 | Instagram: a_spassu_rando | geführte Touren mit den fat tires am besten im Voraus buchen*

3 Auf dem Eselrücken zum Seerosensee spazieren

Ein Gletschersee mit Seerosenwiese auf 1300 Meter Höhe, das gibt's? Überzeuge dich selbst auf einer Wanderung zum **Lac de Creno** entweder zu Fuß (ca. 2,5 Std. hin und zurück) oder – für die Kids – auf dem Rücken eines Lastenesels, Mulis oder Ponys. ***Infos:*** *A Stalla-Randonnée (direkt am Parkplatz) | astalla.e-monsite.com | Aufstieg mit dem Esel ca. 1,5 Std. für Kinder ab 6 Jahren | ab 40 € | Anfahrt über Sagone, D70 über Vico, weiter über D23 Richtung Guagno-Les-Bains, dann auf die D123 Richtung Soccia | nur für Bullies und kleine Camper bis 3,5 t geeignet* ***Parken:*** *bei GPS 42.196029, 8.916962 | zur Saison früh da sein*

4 Durch das Dorf Muna geistern

Das verlassene Dorf **Muna** liegt sogar für korsische Verhältnisse irgendwo im Nirgendwo. Selbst die Elektrizitätswerke wollten keine Stromleitungen hierhin verlegen. Wenn die Wolken dicht am Spusa-

REGENTAG – UND NUN?

5 Den Regen im Honigmuseum versüßen

Auf Korsika liefern Bäume, Blumen und Büsche der Maquis das ganze Jahr über jede Menge Nektar. Sogar eine korsische Honigbiene gibt's. Das und noch viel mehr zur korsischen Imkertradition erfährt man im **Maison du miel en Corse** in Murzo. Zum Schluss gibt's noch ein paar Löffel Honig zu verkosten. ***Infos:*** *April–Sept. Mo–Fr 9–12 u. 14–17 Uhr | Eintritt frei | maisondumielcorse.com | auf halber Strecke der Anfahrt nach Muna über Sagone, D70 über Vico, weiter über D23 nach Murzo* ***Parken:*** *vor dem Museum bei GPS 42.168490, 8.82738940*

tamassiv hängen, ist es ziemlich unheimlich zwischen den verfallenen Häusern. ***Infos:*** *Anfahrt über Sagone, D70 über Vico, weiter über D23 nach Murzo | enge Zufahrtsstraße D4 Richtung Muna nur für Bullies und kleine Camper bis 3,5t geeignet* ***Parken:*** *bei den Briefkästen am Straßenrand bei GPS 42.142568, 8.850004 | 40 km östlich von Cargèse*

ESSEN & TRINKEN

6 Clos d'Alzeto

Schon seit 1800 wird im Mikroklima des Cinarcatals auf 500 Metern Höhe Spitzenwein angebaut, den die Weinbauern Pascal und Sohn Felix ihren Besuchern gern persönlich kredenzen. ***Infos:*** *Mo–Sa 8–12 u. 14–18 Uhr | Sari d'Orcino | Tel. 04 95 52 24 67 | closdalzeto.com | €€€* ***Anfahrt****: über Plage de Liamone auf die D25 Richtung Casaglione, dann auf die D1 Richtung Sari d'Orcino, Hofeinfahrt bei 42.076567, 8.802808*

7 A Stonda

In diesem Restaurant-Allrounder solltest du versuchen, einen der Plätze mit Blick auf die Bucht von Sagone zu ergattern! Pizza aus dem Holzofen, frisches Fleisch und korsische Burger mit Chèvre. ***Infos:*** *D81 am südlichen Ortseingang | Sagone | Tel. 04 95 77 02 87 | €€*

8 Le Yuka

Unterhalb der katholischen Kirche von Cargèse wächst inmitten von Gärten eine Yukkapalme, unter die sich diese kleine Cafébar duckt. Vintagemöbel, liebevolle Details, herrlicher Meerblick – schöner könnte selbst ein Influencer seine Location nicht dekorieren. ***Infos:*** *Route du Lavoir | Cargèse | Tel. 06 23 97 15 91 | Facebook: Leyukacargese | €€*

Insider-Tipp

Cool down zur Siesta

Den Wow-Ausblick zum Mittagessen solltest du dir unbedingt frühzeitig reservieren!

TIME OUT

Käffchen im Korbstühlchen gefällig? So manch ein Zwischenstopp kann im Le Yuka auch mal länger dauern.

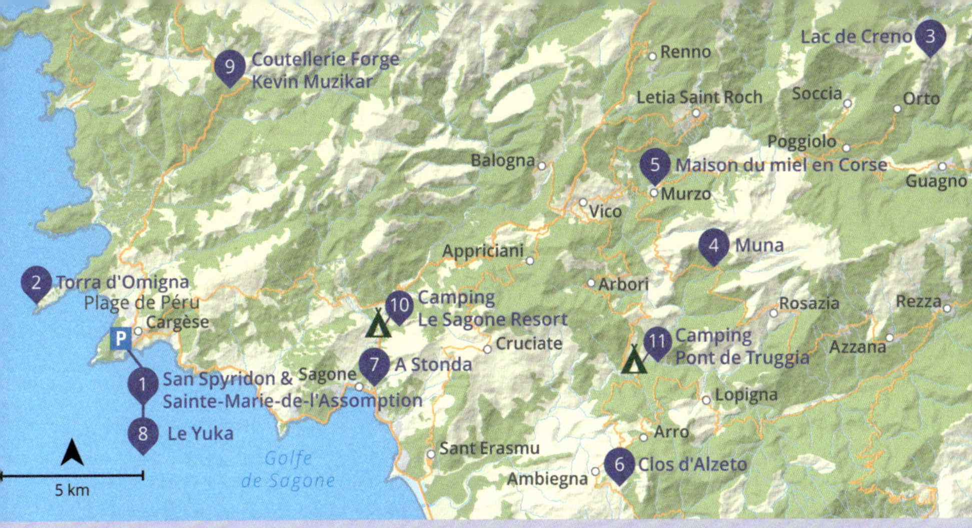

EINKAUFEN

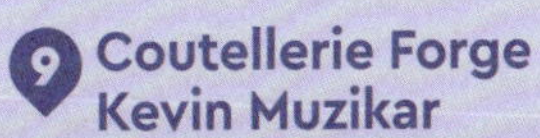

9 Coutellerie Forge Kevin Muzikar

Mit etwas Glück ist der Meister gerade im Atelier und schleift an einem seiner kunstvollen Hirtenmesser aus Damaststahl. ***Infos:*** *U Salongu | Tel. 06 12 71 12 83 | keine Website | Öffnungszeiten nach tel. Vereinbarung oder einfach vorbeifahren* ***Parken:*** *großer Halteplatz am Straßenrand bei GPS 42.207322, 8.649368*

STELL- & CAMPINGPLÄTZE

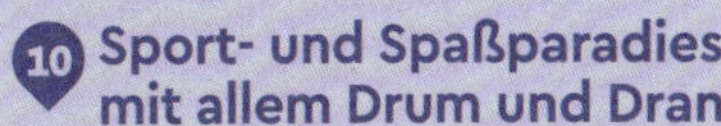

10 Sport- und Spaßparadies mit allem Drum und Dran

Viele extragroße, großzügig parzellierte und schattige Stellplätze einen guten Kilometer vom Endlosstrand von Sagone entfernt. Viele Sportaktivitäten im Angebot! Einer der drei Pools ist sogar überdacht und beheizt.

Camping Le Sagone Resort

€€ | Route de Vico, Sagone | Tel. 04 95 28 04 15 | camping-sagone.fr | GPS: 42.130260, 8.705561

▸ **Größe:** *Stellplätze auf 6 ha, Mietunterkünfte: 330 Bungalows, Chalets, Mobilheime und Hotelzimmer*
▸ **Ausstattung:** *drei Pools, Restaurant mit Pizzeria, Animation, Waschküche, Tennis-, Fußball- und Volleyballplätze, Kinderbetreuung von Juni bis September, Hüpfburgen, Fitnessraum und Trimm-Dich-Pfad*

11 Back to Camping Basics

Keine Mobilheime, kein Animationsteam, kein Campingluxuskram! Und mitten im Nichts, etwa 20 km vom nächsten Strand Liamone entfernt. Die Badegumpen unterhalb der alten Genueserbrücke sind so groß, dass du hier richtig schwimmen kannst! Abends trifft man sich zum Grillen am Lagerfeuer und um 22 Uhr ist Nachtruhe. Denise und Anick bauen gleich nebenan selbst Gemüse an, das günstig erstanden werden kann.

Camping Pont de Truggia

€ | Pont de Truggia (Route D1), Lopigna | Tel. 07 81 03 34 17 | camping-pontdetruggia.com GPS 42.113401, 8.813543

▸ **Größe:** *40 Stellplätze*
▸ **Ausstattung:** *Sportplätze, Tischtennis, Boule, Grillplätze, Kräutergarten zur Selbstbedienung*

Ajaccio
Mondäne Kaiserstadt am Meer

Während der Rest Korsikas den berühmtesten Sohn der Insel mit gemischten Gefühlen betrachtet – schließlich wurde die Insel unter Napoleons Herrschaft vorerst endgültig französisch –, lächelt dir der erste Kaiser der Grand Nation an jeder Ecke der korsischen Hauptstadt von Statuen und Bildern entgegen. Ajaccio ist sowas wie eine Metropole im Miniaturformat: Hochhäuserschluchten, Shoppingtempel, wirre Straßenführung und immer Verkehr sowie ein großer Fährhafen gaukeln Größe vor. Das täuscht: Die korsische Metropole hat gerademal 66 000 Einwohner.

P *Mit Höhenbeschränkung (1,90 m) am Hafen, Einfahrt bei GPS 41.92698, 8.7403; große Gefährte versuchen ihr Glück am Bahnhof (Gare) oder schräg gegenüber bei GPS 41.92715, 8.73898.*

KLEIN, ABER FEIN

Im Hafen präsentiert sich die sonst so elegante Inselmetropole eher rustikal.

AKTIVITÄTEN & SIGHTSEEING

1 Auf zu den Blutinseln

Die kurvige Route des Sanguinaires ist eine Art Sonntagsfahrerstrecke der Ajaccienne. Bis zur Halbinsel Pointe de La Parata geht es an Luxushotels, Siedlungen, Friedhofskapellen und unzähligen kleinen Sandbuchten vorbei. Wie ewige Wachposten stehen die vier schroffen Porphyrinseln **Îles des Sanguinaires** am Eingang des Golfe de Ajaccio. Besten Blick hast du vom mittelalterlichen Genueserturm Tour de Parata aus, zu dem man in etwa 20 Minuten hochklettern kann. Wenn die Felsen im Blutrot des Sonnenuntergangs leuchten, weißt du, woher ihr Name stammt. ***Parken:*** *gebührenpflichtiger Parkplatz bei GPS 41.901733, 8.618069 | 13 km westlich von Ajaccio*

Insider-Tipp
Delphine spotten

Augen auf, zwischen den Inselchen tummeln sich Heerscharen von Delphinen, die du im Dämmerlicht besonders gut erspähen und ablichten kannst.

2 Dicke Panzer hautnah erleben

A Cupulatta ist der größte Schildkrötenpark Europas und beschäftigt sich mit der Zucht, der Lebensweise und dem Schutz von Land- und Wasserschildkröten. Hier tummeln sich über 170 Panzerkrabblerarten von winzigen tropischen bis zu riesigen Galapagos- und Seychellenschildkröten. Natürlich darf auch eine Aufzuchtstation für die auf der Insel heimische Hermannschildkröte nicht fehlen. In der kalten Jahreszeit halten die Schildkröten ihren wohlverdienten Winterschlaf. ***Infos:*** *Apr.–Mitte Mai u. Mitte Sept.–Mitte Nov. 10–17 Uhr, im Sommer 9–18 Uhr | an der T20 Richtung Bastia | Tel. 04 95 52 82 34 | Eintritt Erwachsene 12 , Kinder 5–11 Jahre 9 € | acupulatta.com | 20 km östl. von Ajaccio*

3 Wo schon Napoleon Verstecken gespielt hat

Vom **Place d'Austerlitz** blickt der erste Kaiser Frankreichs heroisch auf seine Geburtsstadt und auf eine Liste seiner auf einer riesigen Granitplatte verewigten Schlachten (nur Waterloo fehlt: *honi soit qui mal y pense*). Unter einem Granitfelsen, der so genannten **Grotte Napoléon,** hat der spätere Kaiser angeblich als kleiner Junge gespielt und Bücher gelesen – natürlich über die großen Feldherren der Geschichte. ***Infos:*** *von der Innenstadt etwa 1 km den Cours Grandval/Général Leclerc entlang*

4 Napoleon im Stadtgebiet stalken

Ajaccio ist klein und übersichtlich und in ein paar Stunden zu erkunden. Erst mal immer an der Hafenpromenade entlang! Früher oder später triffst du auf den prächtigen **Place Foche,** wo über wasserspeienden Fontänen mal wieder Herr Bonaparte thront: in weißem Marmor, bunt angeleuchtet und in würdigem römischen Gewand. Nächste Station: **Notre-Dame-de-l'Assomption,** die Taufkirche Napoleons mit ihrer sehenswerten perspektivischen Trompe-l'œil-Malerei. Auf

REGENTAG – UND NUN?

5 Dem Kaiserkult bis ins Museum folgen

In dem unscheinbaren **Maison Bonaparte** im Herzen der Altstadt erinnert nur wenig an das Jahr 1769, in dem der erste Kaiser Frankreichs das Licht der Welt erblickte. Da das Haus mehrmals zerstört wurde und den Besitzer wechselte, gibt es nur noch wenige originale Souvenirs. Dazu kaiserliche Medaillen, eine Totenmaske Napoleons sowie Repliken seiner goldenen Konsulkrone. ***Infos:*** *Rue Saint-Charles | Ajaccio | Tel. 04 95 21 43 89 | musees-nationaux-napoleoniens.org | Di–So Okt.–März 10.30–12.30 u. 13.15–16.30, April–Sept. bis 17.30 Uhr | 7 €, für EU-Bürger bis 26 J. gratis, 1. So im Monat gratis*

dem riesigen **Place du Général-de-Gaulle** dominiert ein bronzenes Reiterstandbild mit Napoleon als römischem Kaiser, umgeben von seinen vier Brüdern.

ESSEN & TRINKEN

6 Sur La Braise

Frisch vom Grill gibt es hier in einer schnuckligen Seitenstraße eine kleine Fleischkarte mit argentinischen Kennersteaks mit hausgemachten Fritten, Pulled Pork mit Cheddar-Bacon-Nachos oder Doradentartar mit Zitrusfrüchten. ***Infos:*** *Rue de la Porta 15 | tgl. 19–23, Fr/Sa auch 12–14 Uhr | Tel. 04 95 74 76 77 | Facebook: SURLABRAISEAJACCIO*

EINKAUFEN

7 Rue Cardinal Fesch

Klamotten kaufen und Kunstwerke bestaunen: Die schönsten Läden und Boutiquen der Stadt gibt es in der Fußgängerzone Rue Cardinal Fesch. Im **Palais Fesch Musée des beaux arts** hat der Halbbruder der Mutter Napoleons eine beeindruckende Sammlung italienischer Malerei zusammengetragen – darunter Botticellis, Bellinis und Werke von Andrea Pozzo. **Infos:** *Nov.–April 9–17, Mai–Okt. 9.15–18 Uhr | musee-fesch.com | Eintritt 8, Kinder 5 €*

8 Marché aux puces

Jeden Sonntag ist in Ajaccio Promenieren unter den Platanen am Meer angesagt, denn das Flair des Brocantetrödelmarkts ist durch kein Geschäft zu ersetzen. Schon morgens stehen professionelle Flohmarktverkäufer neben Schulkindern, die Comichefte für wenige Cent verhökern. Vielleicht ist das ein oder andere Schmuckstück für deinen Shabby-Chic-Van dabei? ***Infos:*** *ganzjährig So 7–12 Uhr | Boulevard Pascal Rossini*

9 Marché Central

Korsikas täglicher Wochenmarkt ist ein Superfoodparadies: Neben knackigem Obst und Gemüse, frischen Wurstwaren und würzigen Käsesorten aus Korsika und dem nahen Sardinien gibt es Marmeladen, Gewürze und den wohl größten Fischmarkt der Insel. Feinschmecker stürmen

die neue La Halle Gourmande ***Infos:*** *Place Campinchi | Ajaccio | Di–So 7–13 Uhr*

STELL- & CAMPINGPLÄTZE

10 Der Stadtnahe im Grünen

Vor den Toren der Kaiserstadt thront dieser blitzsaubere Familienplatz mit gepflegten Schattenplätzen und einer echt schicken Poolanlage. Schade nur, dass im Sommer auf der Straße viel Verkehr ist und der Flughafen in der Nähe liegt.

Camping U Prunelli

€€ | Pont du Prunelli, Porticcio | Tel. 04 95 25 19 23 | camping-prunelli.com GPS 41.911014, 8.825794

▶ **Größe:** *200 Stellplätze, Mietunterkünfte: Chalets*
▶ **Ausstattung:** *Poolanlage mit Kinderbecken, Restaurant, Shop, Kinderspielplatz, Tennisplätze*

11 Strandnah und mit dem Stadtbus ins Städtchen

Kleiner Campingplatz direkt an der Routes des Sanguinaires mit schöner Sandbucht auf der gegenüberliegenden Straßenseite. Praktisch: Die Haltestelle der Stadtbuslinie Muvistrada 5 liegt nur 150 Meter vom Platz entfernt – allerdings fährt der letzte Bus zurück bereits gegen 19 Uhr ab.

Camping Bar Pizzeria Barbicaja

€€ | Route des Sanguinaires, Lieu dit Barbicaja, Ajaccio | Tel. 04 95 52 01 17 | camping-barbicaja.com GPS 41.911014, 8.825794

▶ **Größe:** *70 Stellplätze, Mietunterkünfte: Chalets*
▶ **Ausstattung:** *Restaurant mit Pizzeria, Kinderspielplatz, Stellplätze mit Meerblick*

12 Perfekt für eine Nacht

Stellplatz- und Mobilheimpark oberhalb von Ajaccio. Schattig unter hohen Eukalyptusbäumen, viele Parzellen haben sogar eine Parkbank, so musst du für nur eine Übernachtung nicht deinen ganzen Hausstand auspacken.

Camping Les Mimosas

€ | Route d'Alata, Ajaccio | Tel. +33 495 20 99 85 | camping-lesmimosas.com GPS 41.937400, 8.727698

▶ **Größe:** *70 Stellplätze, Mietunterkünfte: Chalets*
▶ **Ausstattung:** *Spielplatz, Bushaltestelle in 500m*

Vizzavona

Sommerfrische, Kiefernwald und Outdoor-Eldorado

Nur wenige Häuser formen diesen Weiler im Herzen Korsikas, der zu den wichtigsten strategischen Verkehrsknotenpunkten der Insel zählt: Vizzavona ist einer der wenigen Haltepunkte der Schmalspurbahn von Bastia nach Ajaccio. Wanderer und Bergsteiger treten hier ihre Trekkingtouren ins korsische Hochgebirge an. Ende des 19. Jh. war der Ort im Agnonetal eine mondäne Sommerfrische mit Luxusherbergen und Grand Palais für wohlhabende Ajaciennes und vermögende englische Touristen. Davon geblieben sind verfallene Palais im Wald.

P *Vizzavona ist zweigeteilt: Oben am Pass (GPS 42.112107, 9.112924) starten Wanderungen und ein Kiosk sorgt für Erfrischungen, unten am Bahnhof (GPS 42.128641, 9.134037) liegen die wenigen Häuser des Dorfs (Schilder „Gare").*

FAMILIENTAUGLICH

Die Wanderung zur Cascade des Anglais ist auch mit Kindern gut zu schaffen.

AKTIVITÄTEN & SIGHTSEEING

1 Wandern zum Waldwasserfall

Schon die britischen Kurgäste sollen von ihren Winterresidenzen in Ajaccio hierhergekommen sein: Daher der Name **Cascade des Anglais.** Vom Bahnhof Vizzavona folgst du den Schildern GR 20 Nord, vorbei am verfallenen Hôtel de la Forêt in den dichten Forst, immer am Agnonebach entlang. Nach etwa einer Stunde taucht ein Waldkiosk auf, kurz danach die schönen Gumpen und Badebecken. ***Parken:*** *am Bahnhof Vizzavona bei GPS 42.128490, 9.13358*

Insider-Tipp

Blitzschnell zum Badeglück

Noch schneller zu den Wasserfällen geht es vom Vizzavonapass aus, von dort bist du in knapp 20 Minuten bei den Gumpen.

2 Klettern in den Kiefernkronen

Steilaufwärts kraxeln, schwingende Hochseile besteigen und von Baum zu Baum balancieren: In diesem **Parc Aventure Vizzavona** kommen Groß und Klein auf ihre Kosten. 14 Schwierigkeitsstufen sorgen dafür, dass keine Langeweile aufkommt. Für Kinder ab 3 Jahren muss man feste Schuhe mitbringen. ***Infos:*** *Juni/Sept./Okt. Mi, Sa, So 12–18, Juli/Aug. tgl. 9–19 Uhr | Eintritt 25, Kinder 7–15 Jahren 20, Kleinkinder 15 € | corsicanatura-activites.fr/parc-aventure-accrobranche-corsica-natura–bocog nano-58 | Dauer etwa 4 Std.* ***Parken:*** *am Vizzavonapass bei GPS 42.112157, 9.112912 und 800 m laufen oder vor dem Hôtel Monte d'Oro am Straßenrand,* ▶ S. 108, Nr. 7

3 Mit dem korsischen Schnellzug nach Ajaccio

Zugegeben, Ajaccio mit seinem korsischen Chaosverkehr ist nicht für alle Camper das Paradies auf Erden. Gut nur, wenn man mit Öffis dort hinshutteln und unterwegs eine atemberaubende Landschaft erleben kann. 1889 wurde die Bahnstrecke vom **Gare de Ajaccio** nach Vizzavona eröffnet und machte das kleine Bergdorf zum Ausflugsziel – du kannst es heute genau andersherum machen. ***Infos:*** *Die Fahrt dauert ca. 1 Std. pro Strecke und kostet jeweils 7 € | zwei Verbindungen*

REGENTAG – UND NUN?

4 Den höchsten Wasserfall der Insel erleben

Der Brautschleierwasserfall **Cascade du Voile de la Mariée** stürzt sich weißschäumend mit Getöse über mehrere Terrassen 150 Meter in die Tiefe. Ein zehnminütiger Fußweg führt dich auf eine Aussichtsplattform bis kurz unter die Kaskade – wenn's schon regnet, hast du deine Regenjacke ja eh dabei! ***Anfahrt:*** *südlich von Bocognano am großen Kreisverkehr auf die Straße Richtung Bastelica* **Parken:** *bei GPS 42.064784, 9.047512 | 17 km südwestlich von Vizzavona*

morgens und zwei nachmittags zurück | Fahrpläne unter www.cf-corse.corsica

5 Von der Wackelsteinmadonna den Goldberg bestaunen

Immer durch den Buchenwald bergauf! Nach einer Funkstation beginnt der Wanderweg zu **La Madonuccia.** Vorbei an den verlassenen Schäferhütten *Bergeries de Pozzi* erreichst du über ein paar Kletterstellen in anderthalb Stunden einen Wackelstein, den die Korsen liebevoll Kleine Madonna nennen. Der Ausblick hier ist wahrlich göttlich: Vor dir breitet sich das Panorama des **Monte d'Oro** aus, mit seinen knapp 2400 Metern einer der höchsten Gipfel der Insel. Eine sechsstündige Tagestour führt über den schattenlosen Berggrat Punta Grado bis zum Gipfel von Punta dell'Oriente. ***Parken:*** *am Vizzavonapass bei GPS 42.111834, 9.112261 startet ein kleiner Asphaltpfad zur Funkstation*

ESSEN & TRINKEN

6 Hôtel Restaurant Le Vizzavona

Im alten Herrenhaus der Familie Guitera genießt eine spannende Mischung aus Tagesausflüglern, GR-Wanderern und Motorradfahrern korsische Bergküche. Am schönsten sind die Plätze im Freien! ***Infos:*** *tgl. | Vizzavona | Tel. 04 95 47 21 12 | hotel-vizzavona.com | €€ | besser meiden, wenn ein großer Reisebus vor dem Bahnhof steht*

7 Hôtel Restaurant Monte d'Oro

Schon Ende des 19. Jh. stand hier ein Waldheim und gefühlt hat sich hier bis heute nicht viel verändert. Zumindest was die Einrichtung, das alte Teezimmer mit Kamin und den in die Jahre gekommenen, von Efeu umrankten Biergarten betrifft. In der Küche hingegen weht ein frischer Wind: Hier gibt es vor-

CHARMANT

Nach einer anstrengenden Wanderung kann man im alten Herrenhaus Hôtel Le Vizzavona wunderbar die Füße ausstrecken.

wiegend korsische Bio-Erzeugnisse, große Portionen und faire Preise. ***Infos:*** *tgl. | T 20, Vizzavona | Tel. 04 95 47 21 06 | monte-oro.com/fr/restaurant | €* ***Parken:*** *bei GPS 42.113924, 9.119728*

8 Ferme-Auberge E Valle

Nach der Parkplatzsuche in Vivario hast du dir die leckere Wurst- und Schinkenplatte verdient oder ein köstliches Käsebeignet! Klein, aber wirklich fein! Hier essen auch die Korsen – allerdings eher deftig und im Winter, wenn keine Touristen mehr da sind. Für die Urlauber auf der Durchreise gibt es einen schönen Freisitz unter Platanen. ***Infos:*** *So Abend geschl. | Piazza Diana, Vivario | Tel. 06 83 90 06 91 | €€* ***Parken:*** *wenige Parkplätze bei 42.172491, 9.170566 10 km nördlich von Vizzavona*

STELL- & CAMPINGPLÄTZE

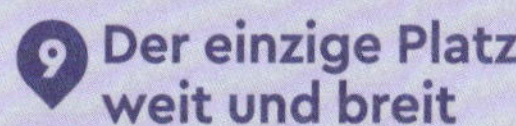

9 Der einzige Platz weit und breit

Nur wenig Platz gibt es hier für deine Travelkutsche, denn Womoplätze sind rar, aber mit bestem Blick auf den Monte d'Oro. Hier schlagen vor allem Wanderer und Backpacker ihre Zelte auf und es geht ein wenig alternativ zu. Vielleicht hat der Platz gerade deswegen Che Guevara und den bekannten korsischen schwarzen Kopf im Logo? Abends trifft man sich im Wintergarten der Pizzeria, die weit über den Platz hinaus geschätzt ist. Morgens und abends gibt es einen kostenlosen Shuttleservice zum GR20-Einstieg in Vizzavona. Wenn du nicht ambitioniert bist, die korsischen Berge in sieben bis 14 Tagen zu durchqueren, ist vielleicht der Trek zu den Badegumpen der *Bergeries de Tolle* geeignet. Der Pfad startet unweit des Campingplatzes! Trotz seiner Abgelegenheit ist der Platz an die korsische Eisenbahn *(Tattone)* angeschlossen, deren Halt nur 100 Meter entfernt ist.

Camping Le Soleil Tattone 

€ | Tattone, Vivario | Tel. 04 95 47 21 16 | camping-lesoleil.fr/de
GPS 42.152974, 9.151460

- **Größe:** *10 Stellplätze, 6 Chalets mit eigenem Jacuzzi*
- **Ausstattung:** *Restaurant mit Pizzeria, Waschmaschinen, Kühlschränke, WLAN*

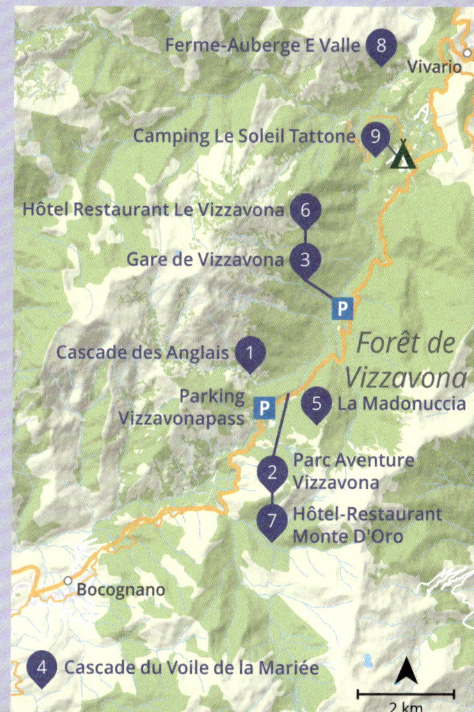

WELTWUNDER

Die weißen Kreideklippen von Bonifacio sind das Wahrzeichen einer der schönsten Hafenstädte der Welt.

Tour D

Abwechslungsreiche Südküste
Von Solenzara über Bonifacio bis Ajaccio

Einmal so richtig abtauchen – das hat sich das südkorsische Alta-Rocca-Gebirge ganz im Süden der Insel gedacht. Zurück blieben herrliche Buchten, Superstrände und zackige Granitlandschaften, die mit ihren windzerzausten Tafonifelsen ziemlich bizarr aussehen. Dazwischen wächst eine undurchdringliche Vegetation aus Korkeichen, Myrte, Erdbeerbäumen, Zistrosen, Mastixsträuchern, Oleander, Thymian, Rosmarin, Ginster und Schwarzdorn. So gar nicht in dieses Bild passt die Felsenstadt Bonifacio mit ihren Kreidefelsen, die selbst für korsische Verhältnisse einfach nur ein Super-Wow ist!

Strecke 225 km

Reine Fahrzeit 5 Std.

Streckenprofil nah am Meer auf kurvigen Küstenstrecken, viele unbekannte Ecken und abgelegene Regionen, naturnah, familienfreundlich, viel Steinzeitkultur

Empfohlene Dauer (unter Berücksichtigung der Aufenthaltsdauer an den Spots) 6 Tage

Anschlusstouren C E

FACTS

Tour D im Überblick

Tour-Highlights

In *Palombaggia* unter Pinien an Korsikas berühmtesten Stränden stehen ▶ S. 115

In *Bonifacio* die vielleicht spektakulärste Küstenstadt der Welt erleben ▶ S. 126

An den Kreidefelsen von *Bonifacio* mit dem Boot oder SUP-Brett entlangschippern ▶ S. 127/129

An Steinzeit-Kultplätzen auf dem *Plateau de Cauria* kosmische Energie tanken ▶ S. 132

Am *Camping à la ferme La Rivière* von der Spaßrutsche in die Flussbadestelle abtauchen ▶ S. 133

D Tourenverlauf

Start  **Solenzara**

Optionaler Anschluss: Tour 

In dem kleinen Küstenort, an dem diese Tour ihren Ausgang nimmt, kann man vor allem gut essen und ausgehen: Am mondänen Yachthafen wimmelt es vor Restaurants, Cafés und lebendigen Strandbars am Meer, dazu gesellen sich im Sommer Krimskramsmärkte und Konzerte unter freiem Himmel.

P *Großer Parkplatz beim Yachthafen, GPS 41.856884, 9.400505.*

40 km Immer Richtung Süden auf der T10 stößt du schon kurz hinter Solenzara bei GPS 41.842222, 9.401389 auf den einzigen vollautomatischen Stellplatz der Insel, **L'Aire de la Mer** *(terrassierte Plätze mit Meerblick, Strom, Wasserver- und entsorgung, Meerzugang, keine Website)*. Mit Canella, Favone und Tarco cruist du an schönen Sandbuchten vorbei, an denen du direkt am Meer parken kannst. Wenn du hier zwischenstoppen willst, dann drücke die Daumen, dass auf dem **Camping Fautea** noch einer der wenigen Premium-Meerblick-Stellplätze oberhalb der gleichnamigen Bilderbuchbucht frei ist *(T 10 | Tel. 04 95 71 41 51 | campingfautea.org | €€ | GPS 41.715452, 9.401928)*. In **Sainte-Lucie-de-Porto-Vecchio** kannst du nach links Richtung Pinarellu (▶ S. 123) sowie auf die Campingplatz-Küstenroute D468 abbiegen oder geradeaus auf Porto-Vecchio zurollen.

Spot 13 **Porto-Vecchio**

Willkommen in der korsischen Karibik ▶ **S. 122**

19 km Im Süden von Porto-Vecchio geht es von der Hauptstraße T 10 aus, immer den Massen nach, in Richtung des korsischen Karibikparadieses Palombaggia. Ideal für einen Zwischenstopp ist der **Camping U Stabiacciu** *(Route de Palombaggia | Tel. 04 95.70.37.17 | stabiacciu.com | €€€ | GPS 41.571534, 9.275897)*. Ein Schilderwald kündigt es an: Hier liegen die Cash Cows von Porto-Vecchio, fast ausnahmslos hochpreisige Hotels, aber auch der Vier-Sterne-Platz **U Pirellu** *(Route de Palombaggia | Tel. 04 95 70 23 44 | camping-palombaggia.corsica | €€€ | GPS 41.589566, 9.331869 | nimmt keine Reservierungen für die terrassierten Stellpätze entgegen)*.

Eine Stichstraße führt zum **Camping à la Ferme U Paradisu** mit halbschattigen Stellplätzen unter Korkeichen, Ponies und Hühnern auf dem Hof – und einer Bucht mit Boot- und Kajakrampe gleich um die Ecke *(Route du Phare de la Cjappa | Porto-Vecchio | Tel. 06 16 21 10 74 | campinguparadisu.com | € | GPS 41.591467, 9.338081)* und der FKK-Ferienhalbinsel **La Chiappa** *(Abzweig bei GPS 41.588938, 9.333833,* ▶ S. 125*)*. Und dann ist es endlich soweit: Unaufhörlich näherst du dich dem berühmtesten Badeparadies der Insel: dem Strand von **Palombaggia!** Hier ist es tatsächlich so schön wie auf allen Korsika-Postkarten, nur voller!

P *Zwei womofreundliche Parkplätze sind der* ***Parking de La Plage*** *(3,50 € am Tag, 10 € pro Nacht) sowie der* ***Parking I Pini*** *(Route de Palombaggia | Tel. 06 27 62 07 41 | 4 € am Tag, 10 € pro Nacht | GPS 41.563891, 9.335632) mit Stellplätzen unter Pinien und Steineichen und Duschen. Auf beiden kannst du über Nacht stehen bleiben und am nächsten Morgen zeitig an den noch menschenleeren Strand spazieren.*

Wiederum durch ein Gewirr von hochpreisigen Hotels und Ferienheimen mit fast keinen Camperparkmöglichkeiten nach Bocca dell'Oro, dann an der T10 links abbiegen Richtung Santa-Giulia/Bonifacio.

BASIC

Auf dem Stellplatz L'Aire de la Mer geht alles voll automatisch.

KARIBISCH

Echtes Antillen-Feeling kann man auch in Santa Giulia erleben.

Insider-Tipp

Ruckzuck gen Süden

Wenn dir die Palombaggia-Route zu überlaufen erscheint, lenke auf die T10 von Porto-Vecchio Richtung Süden. Hier geht es für korsische Verhältnisse kurz mal ungewöhnlich breit und vierspurig vorwärts. Am zweiten Kreisverkehr Richtung Bonifacio führt ein Abzweig nach Sotta ab (▶ S. 123) und auch die Route de Palombaggia stößt hier wieder hinzu.

Santa Giulia

Dank der riesigen Werbeschilder kannst du die Abfahrt nach Santa Giulia kaum verfehlen. Die Rundum-Sorglos-Bucht mit Traumstrand, karibikblauem Wasser, schicken Strandrestaurants, einem Yoga-SUP-Club ist einfach herrlich für die Gäste der zahlreichen Residence-Anlagen, die sich rund um den Meerbusen tummeln. Für Fahrer großer Camper ist die enge Zufahrtsstraße ohne Ausweichmöglichkeiten allerdings ein Horror.

P *Bullies können für 5 € am Tag bei GPS 41.532581, 9.272319 ihr Parkplatzglück versuchen.*

*Der **Landungssteg** vor dem Hotel Moby Dick ganz im Süden der Bucht reicht weit in Wasser hinein (GPS 41.524480, 9.272067). Wenn das nicht etwas für den Weitwinkel ist!*

26 km Fast schnurgerade geht es Richtung Bonifacio weiter. Mehr als nur einen Abstecher lohnt die schmale Anfahrt zu der halbmondförmigen Traumbucht von **Baie de Rondinara** mit seinem seichten Wasser und dem naturbelassenen Strandsee *(Parkplatz bei GPS 41.467518, 9.264805 | 8 € am Tag bis 21 Uhr | nachts stehen verboten)*. Wer einen der wenigen Stellplätze auf dem **Camping La Rondinara** ergattern will, braucht entweder eine Reservierung oder viel Glück *(Route de la plage | Tel. 04 95 70 43 15 | camping-rondinara.com | €€€ | GPS 41.472845, 9.262705)*. Zurück auf der T10, führt die Straße vorbei an der **Distillerie du Maquis** (▶ S. 128). Aufgeschichtete, weiße Mäuerchen am Straßenrand weisen darauf hin, dass sich das Landschaftsbild jetzt ändert. Die Kalksteinlandschaft von Bonifacio ist für Korsika einzigartig! Hinter dem Camping U Farniente (▶ S. 128) führt an einem Kreisverkehr, der die T10 und die T40 teilt, ein Abzweig bergab in die alte Hafenstadt.

Bonifacio
Die vielleicht spektakulärste Hafenstadt der Welt ▶ **S. 126**

29 km Jetzt musst du die enge Schlucht nach Bonifacio wieder bergaufklettern. Am Kreisverkehr folgst du nun der T40 unverfehlbar Richtung Sartène, Propriano und Ajaccio. Zunächst führt die Straße kerzengerade Richtung Westen. Dann aber, ab der Abzweigung zum Kloster der **Ancien Ermitage de la Trinité,** schwingt sie in weiten Kurven mit Premiumpanorama die fast völlig unverbaute Südküste Korsikas entlang. In **Pianottoli-Caldarello** kannst du dich mit dem Nötigsten eindecken. Nächster obligatorischer Haltepunkt: Roccapina!

Bocca di Roccapina

Hast du einen der wenigen Parkplätze auf der Passhöhe von Roccapina klargemacht, gibt es einiges zu entdecken. Ein kurzer Wanderweg mitten durch die dichte Maquis führt dich vorbei an einer alten, unter einem Tafonifelsen versteckten Schäferhütte zu einem herrlichen **Aussichtsplateau.** Die **Casa di Roccapina,** das alte Haus des Straßenwächters, ist heute ein kleines Museum, das die Geschichte der alten Schäferhütten veranschaulicht und Erzählungen von Banditen, die die Hütten als Unterschlupf nutzten, lebendig werden lässt.

i *April–Nov. tgl. 10–18 Uhr | Eintritt 2, Kinder 1 € | keine Website*

Wie immer an der Westküste: Schnappschüsse gelingen besonders gut zum Sonnenuntergang, auf den du stilecht auf der Terrasse der **Bar L'Oasis du Lion** warten kannst.

i *Roccapina/Sartène | Tel. 04 95 73 49 89 | aubergedulion-sartene.fr*

*Keine Tour entlang der Südküste ohne das obligatorische Bild des **Löwen von Roccapina!** Der wuchtige Tafonifelsen, der auf einem Bergrücken hoch über der gleichnamigen Sandbucht thront, scheint wirklich ein Löwe zu sein. Achtung, Suchbild: Mit etwas Fantasie kannst du an dem rechteckigen Felsvorsprung auf deiner Hangseite einen Elefantenkopf mit Rüssel erkennen.*

34 km

Richtung Norden windet sich die T 40 gemächlich durch die kaum bewohnte Kulturlandschaft Südostkorsikas. In dem Weiler Bocca Albitrina zweigt die Straße nach Tizzano und Cauria ab (▶ S. 132). Wenn du nicht in Sartène zwischenstoppen möchtest (▶ S. 131), dann folge weiter der Hauptstraße, die kurz vor der Altstadt eine scharfe Kurve macht und sich fortan mit tollem Ausblick Richtung Propriano schlängelt. Hier kommst du an der Abfahrt zur D 268 zum Genueserviadukt Spina Cavallu (▶ S. 131) und zum Camping à la ferme La Rivière (▶ S. 133) vorbei. Kurz vor Propriano biegt auf der Höhe eines Baustoffhandels die D121 in Richtung von **Plage de Portigliolo** ab, der sich für einen Sprung ins kühle Nass bestens eignet. Ein kleiner Strandparkplatz befindet sich bei GPS 41.650357, 8.879740. Folgst du dieser Straße, der D121, weiter, kommst du nach **Campomoro** (▶ S. 131) . Nächster Stopp ist Propriano, am besten nimmst du die Abfahrt gleich am ersten Kreisverkehr.

Spot 15

Propriano

Paradiese aus Granit(sand), uralte Energieplätze und dunkle Städte

▶ S. 130

9 km

Statt dich auf der alten Ortsdurchfahrt von Propriano durchzukämpfen, nimmst du besser den Weg zurück, den du gekommen bist. Ein praktischer Tunnel führt die T 40 direkt an das Nordende von Propriano, wo der ortsnahe **Campingplatz TIKITI** (▶ S. 133) und der etwas weiter im Inland gelegene **Camping Milella** *(Route de Baracci | Viggianello | Tel. 04 95 76 27 27 | camping-milella.com | €€ | GPS 41.684415, 8.923103)* auf dich warten. Die T 40 flankiert den langen, breiten Sandstrand von Baraci, der das Stirnende des Fjords des Golfe de Valinco markiert. In weiten Kurven geht es bergauf, ein ganzer Schilderwald an der Abzweigung nach Porto Pollo und Serra di Ferra weist auf die Küstenstraße D157 hin. Wenn dir der Sinn nach Strand, Sonne, Kultur und Kurven steht, dann nimm die Abfahrt hier. Wenn du dir den kurvigen Umweg die Küste entlang sparen willst, folgst du einfach der T40 und bist schon in einer guten Stunde in Ajaccio.

Plage de Campitellu

Strandfans planen einen Abstecher Richtung **Tour de la Calanca** und in die Bucht von Campitellu ein. Wenn mal wieder kein Platz im **Chez Angèle** (▶ S. 132) frei ist, kann man sich hier auch Pizza zum Mitnehmen bestellen und diese dann zum famosen Sonnenuntergang am Strand genießen. Keine Lust mehr weiterzufahren? Nur ein paar hundert Meter weiter liegt der einfache **Strandcampingplatz Chez Antoine** *(Olmeto | Tel. 04 95 76 06 99 | keine Website | € | GPS 41.694386, 8.884464)*.

LEGENDE

Seit Jahrmillionen bewacht der Löwe von Roccapina die Bucht.

D Tourenverlauf

37,5 km Zurück auf der D157 gibt es Richtung Westen weiter nur wenige camperfreundliche Zugänge zum Meer. Eine große Ausnahme ist der Endlosstrand von **Taravo** *(Parkplatz erst bei GPS 41.709331, 8.830195).* Hier biegt die Straße wieder Richtung Inland ab. Unübersehbar sind die Ausschilderungen nach Filotosa (▶ S. 131). Nach dem engen Nadelöhr der Taravobrücke (Achtung: lichte Höhe, 3,50 Meter), biegst du nach links Richtung Porto Pollo auf die D757 ab, kurz vor dem Ort wiederum auf die D155 Richtung Ajaccio und Serra di Ferro.

Insider-Tipp
Tauchen am Hühnerhafen

*In Porto Pollo kannst du einen Zwischenstopp an der Marina machen und einen Tauchkurs für Anfänger und Profis bei **3P Porto Pollo Plongée** buchen (im Hôtel Le Golfe direkt am Hafen | Tel. 06 85 41 93 94 | portopollo-plongee.fr).*

Portigliolo & Cala Verghia

Von nun an ist Kurvencruisen angesagt. Die enge, aber auch für große Camper ausreichend ausgebaute D155 schlängelt sich die Küste entlang und durchkreuzt die Strandbäder von **Portigliolo** und **Cala Verghia,** wo das kleine, strandnahe Campingplatz-Urgestein von **La Vallée** mit seinen schattigen Stellplätzen am Wochenende auch Campingfreunde aus dem nahen Ajaccio anlockt.

i Plage de Verghia | Coti Chiavari | Tel. 04 95 25 44 66 | camping-lavallee.fr | € | GPS 41.808808, 8.765197

Insider-Tipp
Trampelpfad zum Traumstrand

*Folge von Verghio einfach dem kleinen Weg die Küste entlang zu der türkisblauen Feinsandbucht **Plage de Mare É Sole.** Dort gibt es nämlich keine Camperplätze!*

28,5 km In Verghio trifft die Küstenstraße auf die D55, die dich bis nach Ajaccio begleitet. Die nächste Bucht nennt sich Ruppione, und hier spürst du schon die Nähe zu Ajaccio: schicke Villen und Häuser bestimmen das Bild, was leider auch bedeutet, dass es wenig camperfreundliche Parkmöglichkeiten gibt. Ausnahme: **Camping Le Sud** *(Ruppione Plage | Isolella | Tel. 04 95 25 40 51 | camping-le-sud.com | GPS 41.828408, 8.784273 | nimmt keine Reservierungen ent-*

gegen). Der Küstenvortort **Porticcio** ist das Strandbad von Ajaccio und dementsprechend gut besucht. Es gibt sogar Strandshuttles von Ajaccio zu den an der südlichen Küste des Golfs gelegenen Stränden, die du auch für eine kurze **Bootstour** nach Ajaccio nutzen kannst. Start und Ziel ist das Office de Tourisme *(GPS 41.889723, 8.802496 | großer Parkplatz auf der gegenüberliegenden Straßenseite | ganzjährig | hin und zurück 8 €/Person | Fahrpläne unter promenades-en-mer.org.)*. Willst du dich in den Stadtverkehr von Ajaccio stürzen, fährst du am besten ohne Zwischenstopp auf der Küstenstraße entlang, die bei Capitoro auf die Hauptstraße T40 trifft. Im großen Schlenker um den Hauptstadtflughafen Napoléon Bonaparte und über die T21 fährst du direkt auf Ajaccio zu.

Ziel & Spot 11

Ajaccio
Mondäne Kaiserstadt am Meer ▶ **S. 102**

Optionaler Anschluss: Tour C

FARBENFROH

Entdecke tauchend die bunte Unterwasserwelt in Porto Pollo.

Porto-Vecchio

Willkommen in der korsischen Karibik!

Rund um das mittelalterliche Städtchen im Südosten tummeln sich die korsischen Beach-Highlights: Porto-Vecchio verfügt mit Santa Giulia und Palombaggia im Süden sowie Plage de Cala Rossa, San Ciprianu und Pinarello im Norden über die schönsten Strände der Insel. Aus der Zeit der Genueser stammt die alte Stadtbefestigung. Hier kannst du durch schmucke Läden und Spezialitätengeschäfte bummeln und dich auf der Place de la République unter Platanen davon erholen. Oder ab in die Berge, denn vom Meer in den Schwarzkiefernwald von L'Ospedale sind es nur 45 Camperminuten!

P *Parkplätze am Yachthafen in der Unterstadt hinter der Partykneipe Le Marin (GPS 41.590263, 9.282195) oder etwas außerhalb am südlichen Ortseingang beim Friedhof Santa Catalina (GPS 41.586911, 9.275693).*

STADTBUMMEL

Atme mediterranes Flair in den Gassen von Porto-Vecchio.

AKTIVITÄTEN & SIGHTSEEING

1 Bronzezeitlich ausblicken

Um zur prähistorischen Stätte von **Araggio** zu kommen, musst du wie die Erbauer vor 4000 Jahren erst einmal den steilen Granithügel hinaufklettern. Die aus roten Granitblöcken und flachen Steinen etwa 2000 v. Chr. erbaute Festungsanlage ist trotz ihres Alters noch erstaunlich gut erhalten: Zwei Bastionen, einen großen, heute mit Ginster und Mastixbüschen überwucherten Innenhof mit Wasserstelle, unzählige Räume, Korridore und Treppen gibt es zu erkunden. ***Parken:*** *campergroße Parkplätze bei GPS 41.641803, 9.265917 am südl. Ortseingang Araggio*

2 Durchatmen wie die alten Römer

Schon die Römer schafften ihre Patienten zur Kur hierher, darum der krankenhausreife Name: *l'ospedale*. Bei der Fahrt durch den frischen Schwarzkiefernforst Forêt Domaniale de l'Ospedale kannst du selbst in der schlimmsten Sommerhitze durchatmen! Bekannter ist der Stausee samt **Aussichtspunkt Barrage de L'Ospedale,** der von Tannen und Geröll umgeben mitten in einer kargen Berglandschaft liegt. Baden nicht empfohlen, picknicken erlaubt! ***Infos:*** *Anfahrt über die Kurvenstrecke der D368 mit Anschluss an die Tour E nach Zonza und Bavella* (▶ S. 142)

3 Das Schlumpfhausen der alten Schäfer

Einst waren es Hirten, die in den von Wind und Wetter ausgehöhlten Tafonifelsen ihre wundersamen Unterschlupfe gebaut haben. Oder waren es doch Zwerge oder gar Schlümpfe? Das Prachtexemplar **Oriu di Canni** von Sotta mit seinem märchenhaften Spitzdach ist Korsikas schönstes Zauberhaus! ***Parken:*** *entlang der Straße bei den Mülltonnen auf der Höhe von GPS 41.511889, 9.195056, dann weiter südlich Richtung Canni, am Ende der Straße führt hinter dem letzten Haus ein Holzschild rechts Richtung „Oriu"*

4 Planschen, paddeln, posten

So schön kann Strand sein: Bilder vom **Plage de Pinarellu** motzen jeden Instagramaccount auf! Noch schöner ist's auf der gleichnamigen, vorgelagerten Felseninsel, zu der du einen Kajaktrip buchen kannst. Die Schnorchelstellen an der Küste sind einsame Spitze! Auf der Insel kannst du auf den gut erhaltenen Genueser-Wachturm

REGENTAG – UND NUN?

5 Grauen Granit in Porto-Vecchio erkunden

Wenn der Himmel schon grau ist, dann kannst du die Granitfassaden und Gassen im Ort erkunden. Zu entdecken gibt's ganze Zitadellen, Kneipen und Restaurants, die sich Panoramaplätzchen in den Stadtmauern gesichert haben. Wenn der Himmel aufklart, hast du von der **Panoramaterrasse** der **Bastion de France** beste Aussichten auf die gesamte Bucht. ***Infos:*** *Mi–Sa 10–13.30 und 15–19 Uhr | Eintritt 2 € | Rue du Bastion de France 6 | Porto-Vecchio*

kraxeln. ***Infos:*** *Wassersportverleih und tgl. geführte Halbtagesausflüge mit Meereskajaks bei Sporsica | Plage de Pinarellu | Tel. 06 24 26 51 83 | sporsica.fr | GPS 41.676959, 9.372293*

Insider-Tipp

Angeben erlaubt!

*Leih dir ein **Fliteboard** und gleite mit dem motorbetriebenen Brett übers türkisglitzernde Wasser wie ein Snowboard über Pulverschnee.*

ESSEN & TRINKEN

6 Ranch'O Plage

Cala Rossa – das klingt in den Ohren vieler Franzosen nach Luxus und Jet-Set. Schließlich logieren in dem gleichnamigen Luxusresort um die Ecke gerne französische Präsidentenfamilien. Leger, edel und direkt am Strand kannst du in diesem Strandrestaurant üppige Salate, fangfrischen Fisch und Pizza aus dem Holzofen genießen, aber auch den Jet-Set-Stars mit einem Glas Champagner aus der Ferne zuprosten! ***Infos:*** *Mai–Sept. tgl. 12–14.30 u. 19.30–21.30 Uhr, im Sommer länger | Grande Plage de Cala Rossa | Lecci | Tel. 04 95 71 62 67 | ranchoplage.com | €€€*

7 Le Marie-Angèle Restaurant Café Lounge

Burger mit Blick, Steak über dem Strand oder Crêpes mit Küstenpanorama: Dazu ein toller Freisitz unter Oliven direkt an der Bucht von Tarco. Ein super Zwischenstopp mit tollen Sitzplätzen, wenn du auf dem Weg von Porto-Vecchio Richtung Solenzara bist. ***Infos:*** *Plage de Tarco | Conca | Tel. 04 95 70 43 61 | marieangelerestaurant.business.site | €*

EINKAUFEN

8 Biodélice Porto-Vecchio/ Slow Cosmetique Di Nina

Der würzige Kräuterduft der Strohblume fasziniert selbst nüchterne Pharmakologen

ENTSPANNEN

In der Lagune U Benedettu am Golfo di Sogno werden Strandträume wahr.

wie die Korsin Sandrine. Mit den Cremes und Lotionen ihrer Körperpflegeedelmarke bringt sie trockene Strandhaut in Sekundenschnelle in Höchstform – und das ganz natürlich! ***Infos:*** *zu kaufen im Bio-Supermarkt Biodélice, Chemin d'Agnarella an der Ortsumfahrung Porto-Vecchio, bei Roots Cabana am Plage de Santa Giulia und an der Cala Rossa*

9 Domaine de Torraccia

Herrlich fruchtig-spritzige Blanc-Weine und kräftige Rote werden aus der Vermentinutraube gekeltert. Die Spitzenweine des biodynamischen Weinguts hören auf den Namen „Oriu", aber auch die Hausweine „Torraccia" können sich im Camperkühlschrank sehen lassen. ***Infos:*** *Degustation und Verkauf Nebensaison 8–12 u. 14–18, im Sommer 8–19 Uhr | Lecci de Porto-Vecchio | domaine-de-torraccia.com*

STELL- & CAMPINGPLÄTZE

10 Ferienhalbinsel für Nackedeis

Das Village Naturiste La Chiappa ist der Klassiker für Korsika-Nudisten. Der riesige Platz hat viele Stammgäste und Dauercamper – hier kannst du die ganzen Ferien verbringen.

La Chiappa

€€€ | Route de Palombaggia, Porto-Vecchio | Tel. 04 95 70 00 31 | chiappa.com GPS 41.593866, 9.357132

▶ **Größe:** *230 Stellplätze, Mietunterkünfte: 250 Bungalows und Villen*
▶ **Ausstattung:** *beheizter Swimmingpool, Wassersportzentrum, Segelschule, Tauchschule, Tennisplätze, Spielplätze, Minigolf, 2 Restaurants, Kinderclub im Juli und August, Strandbar, Bazar und Supermarkt, Bibliothek*

11 Eine Bucht wie ein Traum

Nördlich von Porto-Vecchio liegt die geschützte Strandlagune von U Benedettu, die so seicht in das kristallklare Meer übergeht, dass du durch die Lagune waten kannst. Traumhaft! Auch zur Hochsaison nie überlaufen und freie Platzwahl.

Golfo Di Sogno

€€€ | D 468, Route de Cala Rossa, Porto-Vecchio | Tel. 495 70 08 98 | golfo-di-sogno.fr GPS 41.630027, 9.312650

▶ **Größe:** *ca. 300 Stellplätze, Mietunterkünfte: Strandbungalows, Villen und Chalets*
▶ **Ausstattung:** *Restaurant, Snackbar, Supermarkt, Spielplatz, Tennisplätze, Waschmaschinen*

Bonifacio
Die vielleicht spektakulärste Hafenstadt der Welt!

Hier kannst du erleben, wie sehr das wilde Meer die Kreidefelsen an der Meerenge zwischen Korsika und dem nur 16 Kilometer entfernten Sardinien bearbeitet. Abenteuerlich kleben die mittelalterlichen Palais über den unterspülten Kreidefelsen. Der Hafen der lebendigen Unterstadt erstreckt sich in einem engen, windgeschützten Fjord. Viele Einwohner haben hier Restaurants, Geschäfte und Andenkenläden eröffnet, denn Bonifacio ist eines der beliebtesten, wenn auch teuren Ausflugsziele der Insel. Ungewöhnlich, unkorsisch und gerade deswegen musst du hier gewesen sein!

P *Große Parkplätze am Hafen (GPS 41.389272, 9.166550), die Parkplätze in der Oberstadt sind nur Bulli-geeignet, meist belegt und sehr eng.*

UNVERGESSLICH

Über die Escalier du Roy d'Aragon kannst du hautnah die Schönheit der Kreidefelsenlanschaft bestaunen.

AKTIVITÄTEN & SIGHTSEEING

1 Grotten, Trauminseln und Kreidefelsen bestaunen

Noch gewaltiger als von Land präsentiert sich Bonifacio vom Wasser aus! Die Fahrt mit **SPMB Promenades en Mer** entlang der Steilküste und in die blauen Grotten unter Bonifacio dauert etwa eine Stunde. Viele Touren gehen weiter ins Lavezzi-Archipel, die fast unbewohnte Inselgruppe zwischen Korsika und Sardinien. Bizarre Granitfelsen, smaragdgrünes Meer und rosa schimmernder Sand sowie eine einzigartige Vegetation, in der See tummeln sich Meerbarben, Zackenbarsche, Thunfische und Delphine. ***Infos:*** *Kurztrips, Halbtages- und Tagesausflüge | März–Okt. | Tour zu den Grotten ab 18,50, Lavezzi ab 37 € | Ticketbude am Kopfende des Hafens, SPMB – Quai Noël Beretti | Bonifacio | Tel. 04 95 10 97 50 | spmbonifacio.com*

Insider-Tipp

Besuch bei der Nachbarin

Für eine Stippvisite zum italienischen ***Sardinien*** *nimm unbedingt den Fährkahn ab Bonifacio – die Ausfahrt aus dem Hafen ist spektakulär!*

2 U-Boot-Fels am südlichsten Punkt Frankreichs

Von Bonifacio führt ein Trampelpfad in die Einsamkeit der Kalkfelsen vorbei an alten Verteidigungsanlagen aus verschiedenen Kriegsepochen. Sie erinnern daran, wie heiß die Meerenge zwischen Sardinien und Korsika umkämpft war. Nach einer Signalstation kommst du weiter zum alten Leuchtturm am **Capo Pertusato.** Ein Pfad schlängelt sich durch die dichte Maquis zum Ministrand Plage de Saint-Antoine. Am südlichsten Punkt Frankreichs sticht eine Kalksteininsel wie ein Unterseeboot aus den Fluten – einmalig! Schnorchel und Maske nicht vergessen. ***Infos:*** *Startpunkt der Wanderung: Aussichtsplattform oberhalb der Treppe von Montée Rastello, die vom Hafen und der Unterstadt zur Oberstadt Haut Ville führt.*

3 187 Stufen die Kreidefelsen runter

Wenn du gut zu Fuß und schwindelfrei bist, kannst du von der Oberstadt auf der **Escalier du Roy d'Aragon** bis auf wenige Meter über dem Meer hinabsteigen. Von dort führt ein in die Klippe geschlagener,

REGENTAG – UND NUN?

4 Die Oberstadt macht auch bei Regen Spaß

Vom Hafenviertel führt eine steile Treppe hoch durch die Porte de Gênes, eine ausgetüftelte Toranlage mit Zugbrücke. Über die engen Gassen spannen sich unzählige Regenwasserkanäle, die das zu Belagerungszeiten rare Gut in einer großen Zisterne unter der Barockkirche Église Sainte-Marie-Majeure sammelten. Macht das Wetter nicht mit, schau dir die Weltkriegsbunker **U Timonu – Gouvernail de la Corse** tief im Bauch des Kreidefelsens an. ***Infos:*** *April–Sept. tgl. meist 10–18 Uhr | Eintritt 2,50 € | GPS 41.386170, 9.149634*

enger Weg zu einer Felsgrotte an der Hafeneinfahrt. Die Legende erzählt, dass der König von Aragon 1420 Bonifacio belagerte und die Treppe in nur einer Nacht in den Kalkfelsen hauen ließ. ***Infos:*** *April–Nov., bei Regen geschlossen | Eintritt 2,50 € | bis 12 Jahre gratis*

ESSEN & TRINKEN

5 Cantina Doria

Noch bodenständig und große Portionen zu für Bonifacio moderaten Preisen. Unbedingt probieren: *lasagne au fromage corse* oder den riesigen Gemüseeintopf *soupe corse*, der locker für zwei reicht. Drinnen sitzt du urig, draußen lauschig in der engen Altstadtgasse. ***Infos:*** *tgl. | Rue Doria 27 | Bonifacio | Tel. 04 95 73 50 49 | €€*

6 La Bodega

Eine der wenigen Altstadtwirtschaften in Bonifacio, die keine Touristenfalle sind. Leckere, große Portionen. Auch die Spezialität der Stadt, *aubergines à la bonifacienne*, also gefüllte Auberginen, ist hier echt lecker! ***Infos:*** *tgl. | Av. de la Carrotola | Bonifacio| Tel. 06 73 75 94 70| Facebook: LaBodegaBoni facio | €€*

7 Domaine Pozzo di Mastri

Esel, Ziegen, Schafe, Obstgärten, Olivenhaine und Weingärten ... und mittendrin dieser Edelbauernhof. Mittags gibt's Rindfleisch und frischen Fisch vom Grill am Pool, abends das große Einheitsmenü aus Entrées, Fleisch vom Holzgrill und einer Nachtischkäseplatte. Im Sommer wird auf den Bänken im Steineichenhain gespeist, in der kälteren Jahreszeit im rustikal-schicken Speisesaal serviert. ***Infos:*** *Mo geschl. | Lieu dit Pozzo di Mastri, Figari | Tel. 04 95 71 02 65 | pozzodimastri.com | €€€*

EINKAUFEN

8 Distillerie du Maquis

Hochprozentiges aus dem korsischen Buschwald gibt es vor den Toren Bonifacios: Likör aus Myrtenbeeren und Bio-Zitronen und sogar korsischen Cognac! Olivier erklärt dir bei einer Degustation gerne, wie er aus Kräutern und Beeren Liköre und Schnäpse herstellt. Die große Frage ist dann nur: Wer fährt? ***Infos:*** *Lieu dit Macchiarello Balistra | Bonifacio | vente-liqueur-corse.com | auf der Straße Richtung Porto-Vecchio gelegen, Abfahrt bei GPS 41.444052, 9.201890*

STELL- & CAMPINGPLÄTZE

9 Familienparadies mit Rutschenfun

Riesiger Campingpark mit Tunnelrutschen und Kinderparadies, Animation, großem beheiztem Pool und Fitnessstudio. Dazu blitzsaubere Sanitäranlagen und großzügige, schattige Stellplätze. Nur bis nach Bonifacio ist es eine ganze Ecke.

U Farniente

€€€ | RT 10, Bonifacio | Tel. 04 95 73 05 47 | camping-pertamina.com
GPS 41.418114, 9.179469

▶ **Größe:** *250 Stellplätze, Mietunterkünfte: 250 Komfortbungalows, Mobilheime und Luxuszelte*

▶ **Ausstattung:** *Swimmingpool, Restaurant, Minigolf, Kinderspielplatz, WLAN gratis, Animation, Supermarkt*

10 Der essenzielle Stadtnahe

Die Stellplätze sind unter Olivenbäumen angelegt, aber etwas eng – ideal, wenn du nur ein paar Nächte bleiben willst. Bonifacio ist gut zu Fuß erreichbar und so sparst du dir die Parkgebühren. Auf dem Weg zum Hafen achte auf der rechten Straßenseite auf das Schild Sentier des Plages: Hier beginnt der Wanderweg zu den Minibuchten im Fjord und zu der herrlichen Kreidefelsen-Schnorchelbucht Fazzio.

L'Araguina

€€ | Avenue Sylver Bonh, Bonifacio | Tel. 04 95 73 02 96 | campingaraguina.com GPS 41.392235, 9.165323

▶ **Größe:** *ca. 50 Stellplätze, Mietunterkünfte: Chalets mit Klimaanlage*

▶ **Ausstattung:** *Snackbar und Pizzeria, Supermarkt um die Ecke*

11 Der Komfortable für Golffans und Surfer

Terrassierter Meerblickplatz östlich von Bonifacio. Mit dem Rad kommst du auf Nebenstraßen in 20 Minuten bis in die Stadt. Gleich um die Ecke liegt mit dem Golf de Sperone eines der schönsten Greens des Mittelmeers! Für Surfer ist die herrliche Bucht von Piantarella ideal.

Insider-Tipp

Ausflug im Stehen

Wenn du dein SUP dabei hast, kannst du bis auf das Inselchen Piana rudern oder mit dem Kanu die Kreidefelsen entlangschippern.

Camping des Îles

€€€ | Route de Piantarella, Bonifacio | Tel. 4 95 73 11 89 | camping-desiles.com GPS 41.379092, 9.210632

▶ **Größe:** *ca. 100 Stellplätze, Mietunterkünfte: Bungalows und Mobilheime*

▶ **Ausstattung:** *Swimmingpool, Restaurant, Tennis, Minigolf, Kinderspielplatz, WLAN gebührenpflichtig, Supermarkt*

Propriano

Paradiese aus Granit(sand), uralte Energieplätze und dunkle Städte

Die Bucht von Propriano hört auf den schönen Namen Golfe de Valinco und ist dank ihrer wettergeschützten Lage schon seit der Antike ein Naturhafen. Der krümelige Granitsand, die bizarren Tafonifelsen und das smaragdblaue Meer locken gerade mal so viele Urlauber an, dass selbst zur Saison nicht alles aus allen Nähten platzt. An der Hafenpromenade von Propriano kannst du bummeln, in netten Cafés Ruhe finden und in exzellenten Fischrestaurants dinieren. Südlich von Sartène hingegen war zur Steinzeit viel los, jetzt gibt es hier nicht viel mehr als Einsamkeit.

P *Parkplätze rund um das Postamt bei GPS 41.674082, 8.901355.*

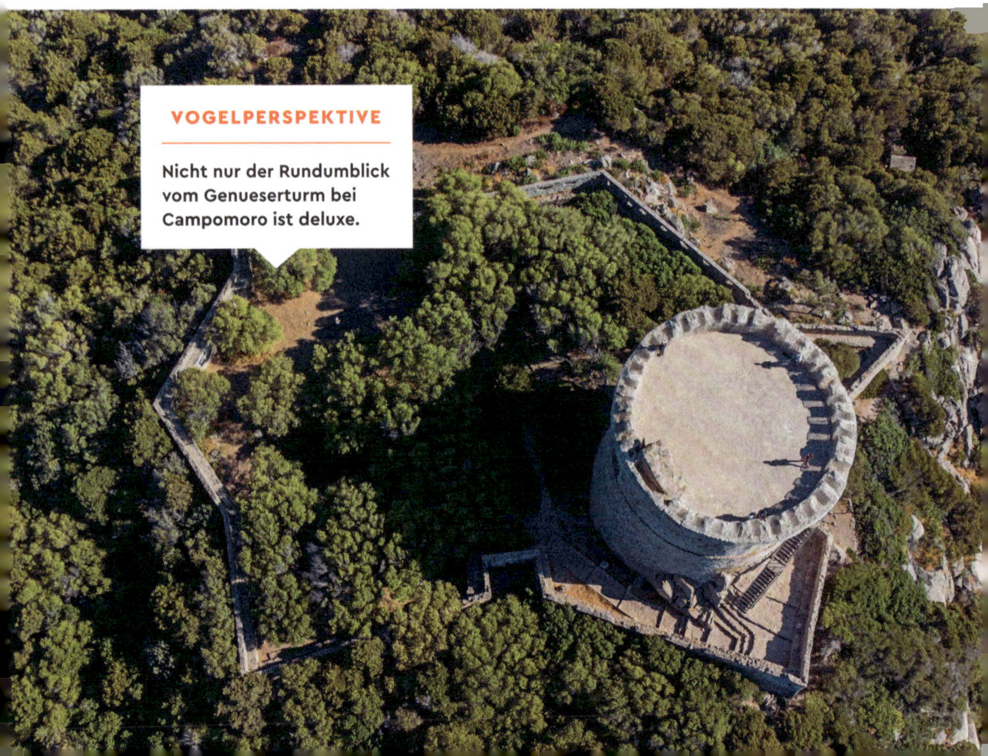

VOGELPERSPEKTIVE

Nicht nur der Rundumblick vom Genueserturm bei Campomoro ist deluxe.

AKTIVITÄTEN & SIGHTSEEING

1 Auf dem Pferderücken

Die schönste alte Brücke Korsikas! Wie ein Spitzdach wölbt sich das perfekt geometrische Genueserviadukt **Spina Cavallu** wie ein Pferderücken acht Meter über den Rizzanesefluss. Darunter befindet sich eine herrliche Flussbadestelle mit Schattenplätzen. ***Parken:*** *großer Parkplatz an der D69 bei GPS 41.655514, 8.981342*

2 Einen geschichtlichen Rundumschlag erleben

Jungsteinzeitliche Statuenmenhire, torreanische Bronzezeit-Rundbauten, Römerreste: Ein schönes Plätzchen an den Hängen des Taravotals haben sich Generationen von Urkorsen hier ausgesucht. Der riesige **Archäologiepark Filitosa** inmitten eines schattigen Olivenhains ist eine der bemerkenswertesten historischen Stätten des Mittelmeerraums. ***Infos:*** *April–Ende Okt. tgl. 9–1 Std. vor Sonnenuntergang | Eintritt 9, Kinder 7 €, Familienrabatte | filitosa.fr* ***Parken:*** *Camperparkplätze inter dem Eingang zur Ausgrabungsstätte bei GPS 41.744016, 8.871285*

3 Den besten Blick auf den Golfe de Valinco genießen

Oberhalb des Fischerdorfs **Campomoro** kannst du den **Torre Genovese** erklimmen, Korsikas größten Wachturm. Ein echter Rundumsicht-Leckerbissen sogar mit **Museum zur korsischen Wachturmtradition** *(Eintritt 2,50 €)*! Dazu einfach durch die Feriensiedlung entlang dem Küstenwanderweg nach Süden bergaufwandern (Holzschild „Cala Genovese"). Spektakulär sind auch die von Wind und Wellen zersausten Granitbrocken! Vom Turm aus kannst du entweder über einen Trampelpfad zurück *(insg. 2 Std.)* oder die Küste einfach weiter entlangspazieren, bis der Weg „Campumoru par Canuseddu" abzweigt *(insg. etwa 3,5 Std.)*. ***Parken:*** *neben dem Hubschrauberlandeplatz bei GPS 41.629227, 8.814143 oder nächtigen auf Camping Les Roseaux: Tel. 495 74 20 52 | GPS 41.625978, 8.814224*

4 Die korsischste aller Städte erkunden

Dicke Mauern sollten die Kleinstadt hoch über dem Rizzanesetal vor den Mauren schützen, denn in *Sarté*, wie die Korsen **Sartène** nennen, kocht man schon immer sein eigenes Süppchen. Sie galt im 19. Jh. als Hochburg des korsischen Banditentums und der Familienfehden. Geschlossene Fensterläden, abweisende Granitsteinhäuser, die noch so manches Geheimnis zu bergen scheinen. Im Quartier Borgo hinter der zentralen **Place Porta** findet man neben mittelalterlichen Gebäuden und engen Gassen liebevolle Andenkenläden und eines der ältesten Spezialitätengeschäfte der Insel. Unter dem Granitgewölbe der **Cave Sartenaise** hängen seit 1955 Schinken von der Decke, die Weinregale sind rappelvoll und die Käselaibe stapeln sich in den Kühlregalen (*Place Porta | Sartène | lacavesartenaise.com*). ***Parken:*** *vor der Altstadt bei GPS 41.619876, 8.969569 oder an der D65 Richtung Foce Bilzese bei GPS 41.617036, 8.975089*

Insider-Tipp

Chillen mit den Einheimischen

Auf der einladenden Place Porta mit ihren Straßencafés kannst du dich entspannt unter die Dorfbewohner mischen, wenn die anderen Touristen früh abends abziehen.

5 Wie die alten Korsen Energie tanken

Die Hochebene **Plateau de Cauria** ist ein steinzeitliches Mekka und noch heute kannst du die Energie der drei Kultstätten spüren: Die parallel in Reihen platzierten **Menhire von Santari,** das **Alignment de Renaju** in einem Steineichenwäldchen oder die **Dolmen de Fontanaccia**. Die Granitplatten tragen eine drei Tonnen schwere Deckplatte – da brauchten die alten Korsen eine Menge Energie, um dieses Prachtstück aufzustellen! ***Anfahrt:*** *Zufahrt südlich von Sartène auf die D48, dann weiter auf die holprige D48A* ***Parken:*** *bei GPS 41.535320, 8.915854*

ESSEN & TRINKEN

6 Bains de Caldane

Auf zum Baden und Bäuche vollhauen in die Berge! Die alten Thermalquellen von Caldane liegen in einem kleinen Park in den Bergen. Mit satten 38 °C blubbert schwefelhaltiges Mineralwasser in zwei Becken. Maximal 20 Minuten darfst du dich hier aufwärmen und entspannen, bevor es in das kleine Brasserierestaurant mit korsischer Küche und einer Menge Buddhastatuen geht. ***Infos:*** *Thermalquellen tgl. 9–20 Uhr | Eintritt Erwachsene 7, Kinder 2–8 Jahre 3 €; Restaurant tgl. | Sainte Lucie de Tallano | Tel. 04 95 77 00 34 | hotelresidence-caldane.com | €€* ***Anfahrt:*** *über die D69 Richtung Alta Rocca und vorbei an Spina Cavallu*

7 Chez Angèle

An der Bucht von Campitellu an der Nordseite des Valincofjords kannst du am Fußballplatz mit deinem Camper auch mal länger direkt am Strand verweilen

AUFGEPEPPT

In den Granitgassen von Sartène findest du viele nette Einkehrmöglichkeiten.

(GPS 41.691132, 8.886496) und gleich nebenan zum Sonnenuntergang eine der besten Pizzen Korsikas bei Angèle oder zum Mitnehmen genießen. ***Infos:*** *Di–So durchgehend | Olmeto | Tel. 04 95 21 91 90 | Facebook: Chezangeleolmeto | €€.*

STELL- & CAMPINGPLÄTZE

8 Bauernhof mit Rutsche

Die kurzen, wilden Wasserrutschen enden direkt in der lauschigen Flussbadestelle! Milch, Käse, Obst und Gemüse aus eigenem Anbau kannst du direkt auf den Feldern nebenan pflücken. Wenige schattige Plätze auf einer großen Wiese.

Camping à la ferme La Rivière

€€ | Arbellara | Tel. 495 505 116 | camping.la.riviere.encorsedusud.fr GPS 41.661788 , 8.993461

▶ **Größe:** *25 Stellplätze, renovierte Hirtenhütte mit Ferienwohnung*
▶ **Ausstattung:** *Bar, Restaurant, Wasserrutschen mit Flussbadestelle, Hofladen mit Verkauf eigener Erzeugnisse*

9 Ortsnahes Poolparadies

Großes Gelände, schattige Stellplätze und ein tolles Schwimmbad, in dem übrigens Badeshorts verboten sind. Bis nach Propriano läufst du nur eine Viertelstunde.

Camping TIKITI

€€ | Route d'Ajaccio, Propriano | Tel. 4 95 76 08 32 | campingtikiti.com GPS 41.682191, 8.920286

▶ **Größe:** *ca. 220 Stellplätze, Mobilheime und Chalets*
▶ **Ausstattung:** *Restaurant, Bar, Pool mit Sonnenliegen, Kinderbecken, Spielplatz und Fitnessparcours*

10 Für Strandfans

An diesem superschönen Granitsandstrand stehst du entweder strandnah und sonnig oder schattig im hinteren Platzteil. Freie Platzwahl, etwas chaotisch, einfache Ausstattung, gutes Restaurant! Die Toplage macht den Preis aus.

Centre de Loisirs de Cala di Cupabia

€€€ | Route de Piantarella, Bonifacio | Tel. 4 95 73 11 89 | camping-desiles.com GPS 41.379092, 9.210632

▶ **Größe:** *ca. 100 Stellplätze, Bungalows und Mobilheime*
▶ **Ausstattung:** *Swimmingpool, Restaurant, Tennis, Minigolf, Kinderspielplatz, WLAN gebührenpflichtig, Supermarkt*

HÖHENLUFT
... die kannst du auf einer Wanderung zu den Aiguilles de Bavella schnuppern.

Für Kurvenkünstler durch das korsische Hochgebirge
Durch die Inselmitte von Bastia nach Solenzara

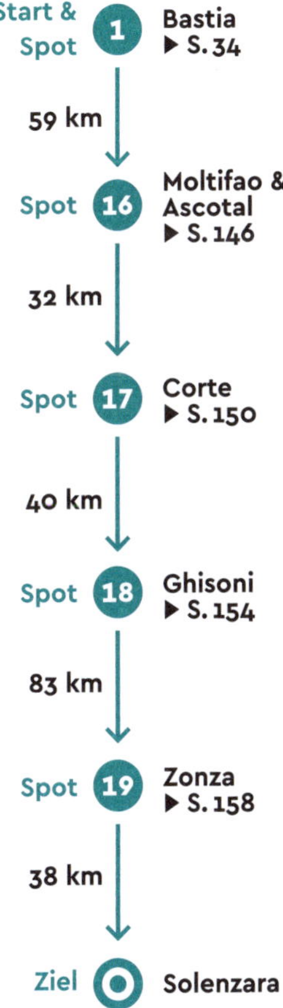

Sage nicht, wir hätten dich nicht vorgewarnt – diese Tour durch die korsischen Berge ist eine kurvige Grenzerfahrung für große Camper, aber für Kurvenkünstler mit Campster oder Bulli gut zu schaffen. Von wegen außer Kurven nix gewesen – Wanderschuhe schnüren, Trailsneaker überstülpen, in eiskalte Badegumpen abtauchen, das MTB vom Fahrradträger holen – auf dieser Tour erwartet dich ein Outdoorerlebnis der Spitzenklasse hinter jeder Biegung!

Tour E im Überblick

Mer Méditerranée

Tour-Highlight

Am *Col de Sorba* Korsikas Kurvenwahnsinn erleben ▶ S. 140

Im *Restonicatal* oder am *Monte Renoso* zu einsamen Bergseen trekken ▶ S. 151 & 155

Am *Camping Tuani* unter rauschenden Kiefern und an plätschernden Bergbächen schlafen ▶ S. 153

Am *Le pin Fourchu de Testalu* bei *Ghisoni* in eiskalte, tiefe Badegumpen springen ▶ S. 155

Im *Parc Aventure Ghisoni* Familienkletterspaß par excellence erleben ▶ S. 155

10 km

Golfe de St.-Florent
Santa-Maria-di-Lota
Bastia
Seite 34
1
Saint-Florent
Biguglia
Oletta
L'Île-Rousse
Corbara
Étang de Biguglia
Mer
Tyrrhénienne
Moltifao & Ascotal
Seite 146
T 11
Vescovato
16
Ponte Leccia
Ponte Novu
Asco
Santa-Lucia-di-Moriani
Corscia
Albertacce
17
Corte
Seite 150
Piedicorte-di-Gaggio
Parc naturel régional de Corse
Étang de Diane
Aléria
Ghisoni
Seite 154
18
Étang d´Urbino
Cozzano & Zicavo
Solenzara
Canyon di Pulischellu
Col de Bavella
Zonza
Seite 158
19

E Tourenverlauf

Start & Spot 1

Bastia
Wirtschaftsmetropole der Insel ▶ S. 34

Optionaler Anschluss: Tour A, Tour B

40 km

So klein und doch so viel los! Bastia ist für mitteleuropäische Verhältnisse eine Kleinstadt, aber eben doch der wichtigste Verkehrsknotenpunkt der Insel, dementsprechend herrscht immer Verkehr. Deswegen schnell raus aus dem Großstadtgewirr und Richtung Süden auf der T11 immer Richtung Ajaccio/Bonifacio, vorbei an der Abfahrt Plage de l'Arinella (Zufahrt zum Camping Les Sables Rouges ▶ S. 37). Vierspurig und schnurgerade geht es durch die weitgehend charmebefreite Vorstadt von Furiani, die einer amerikanischen Einkaufswüste gleicht. Lediglich ein Großeinkauf in den Supermarktketten lohnt einen Zwischenstopp. Nimm in einem großen Kreisverkehr die Ausfahrt Richtung Lido de La Marana, wenn du dir die Lagune von Biguglia (▶ S. 35) ansehen oder zum Camping San Damiano möchtest (▶ S. 37). Bei **Borgo** fährst du in Richtung der Hauptstraße T 20 (Richtung Ajaccio/Calvi) ab. Hinter Lucciana geht es nach rechts auf der T20 ab in die Berge, immer dem Verlauf des Golotals folgend Richtung Westen und Ponte Leccia.

Insider-Tipp
50 Kilometer Kurvenkunst

*In Barchetta zweigt die D15 Richtung Col de Saint'Antoine ab. Von dort gelangst du über die D515 via La Porta und dann auf der D71 über Morosaglia in einer einspurigen Kurvenorgie nach **Ponte Leccia.** Nur für kleinere Kastenwagen geeignet – aber ein Wahnsinnserlebnis!*

Kurz vor der Golobrücke bei **Ponte Novu** ist nicht nur für Geschichtsinteressierte Zwischenstoppen angesagt.

Ponte Novu

Hier, auf Höhe der alten Genueserbrücke, wurde das korsische Schicksal besiegelt: 1769 schlugen die Franzosen das korsische Unabhängigkeitsheer von Pascal Paoli vernichtend: Korsika wurde endgültig französisch. An das korsische Waterloo erinnert die alte Brücke selbst, deren Mittelbogen im Zweiten Weltkrieg gesprengt wurde.

P *Großer Parkplatz auf der linken Straßenseite kurz nach einer Tankstelle bei GPS 42.487637, 9.281925.*

19 km Zurück auf der gut ausgebauten Hauptstraße setzt du die Fahrt Richtung Ponte Leccia fort. Der kleine Ort ist so etwas wie der Hauptverkehrsknotenpunkt der Insel: Hier laufen die Hauptstraßen aus Ajaccio, Corte und der Balagne zusammen, auch die beiden Bahnstrecken der Insel treffen hier aufeinander.

Optionaler Anschluss: Tour B

In Ponte Leccia kannst du günstig einkaufen und tanken, bevor es in die Berge geht, oder an einer schönen Flussbadestelle unterhalb der alten Steinbrücke die müden Womofahrerwaden kühlen. Kurz vor der alten Genueserbrücke, über die auch heute noch der korsische Schwerlastverkehr donnert, befindet sich die Abfahrt nach Morosaglia (▶ S. 147). Gleich hinter der Brücke im großen Kreisverkehr nimmst du die erste Abfahrt auf die T30 Richtung Île-Rousse/Calvi/Asco. Schon nach fünf Minuten triffst du auf die Abfahrt Richtung Moltifao und Ascotal (D47).

Spot 16

Moltifao & Ascotal
Tief im Tal und ganz hoch hinaus ▶ **S.146**

SCHICKSALHAFT

An der Ponte Novu entschied sich die korsische Geschichte.

32 km Ausgeruht von der Einsamkeit des Ascotals geht es zurück auf die belebte T30 Richtung Ponte Leccia und im Kreisverkehr geradeaus in Richtung Corte und Ajaccio auf die T20. Auf der gut ausgebauten Route steuerst du durch die nordkorsische Berglandschaft auf die heimliche Hauptstadt der Insel zu. Am besten nicht gleich die erste Ausfahrt nehmen, sondern die zweite: Centre Ville, Université.

Spot **17**

Corte

Lebendige Studentenstadt inmitten atemberaubender Natur

▶ **S.150**

Optionaler Anschluss: Tour **C**

40 km Raus aus Corte fährst du auf die T20 in Richtung **Venaco,** wo du auf die **Tour C** triffst, mit der du eine kurze Strecke bis **Vivario** teilst. Auf der Höhe des Restaurants Le Chalet biegt die D69 Richtung Ghisoni ab. Ab jetzt ist wieder Fahrkönnen gefragt, denn es wird enger! Biegung um Biegung kämpft sich die Départementstraße den Berg hoch. Einfach Wahnsinn, wie die Passstraße zum **Col de Sorba** in engen Kehren sich durch den Schwarzkiefernwald windet. Dein Weitblick ins Tal ist imposant!

An den Kehren gibt es genügend Platz für Fotostopps vor den schneebedeckten Zweitausendern. Auf dem Mäuerchen stehend scheinst du fast vor den bis in den Frühsommer schneebedeckten Bergen zu schweben, zum Beispiel bei GPS 42.147332, 9.191863.

Auf enger Straße und mit jeder Menge Zweirädern im Gegenverkehr geht es durch den dichten Forst bis nach Ghisoni.

Spot 

Ghisoni

Rauschende Wasserfälle und raschelnde Schwarzkiefern ▶ **S.154**

35,5 km Weiter geht's auf der D69 immer gen Süden. Hier triffst du nach 10 Kilometern nicht enden wollender enger Kurven durch den Buchen- und Kiefernwald von **Marmano** auf den **Col de Verde** (▶ S. 155). Die Passhöhe ist Départementsgrenze und Wasserscheide zwischen den Tälern von Fium'Orbo und Taravo. Um in dem rustikalen **Relais San Petru Di Verde** korsische Bergküche zu schlemmen, nehmen sogar die Korsen von der Küste die unglaubliche Kurvenorgie hierher in Kauf *(Col de Verde | Palneca | Mai–Anfang Okt. | Tel. 04 95 24 46 82 | boccadiverdi.com | €€ | GPS 42.028474, 9.195086 | nur Zeltplätze, Parkmöglichkeiten am Pass).*

Cozzano & Zicavo

Kiefern und Kurven, Buchen und leider viel zu seltene Haltebuchten begleiten dich auf der D69 nach Cozzano und Zicavo. Nicht wundern, wenn dir in den wenig attraktiven Weilern eine Menge Wanderer begegnen: Beide Orte sind beliebter Ein- bzw. Ausstieg der dritten Etappe des GR20. Müde, vollbepackte Anhalter mitnehmen? Ehrensache! Eine schöne, aber schattige Flussbadestelle gibt es auf deiner Route knapp oberhalb der Brücke von **Pont de Camera** – aber auch nur wenige Parkmöglichkeiten *(GPS 41.900281, 9.134882)*. Besser parkt es sich zwölf Kilometer weiter südlich bei Antoine an der **Ferme Auberge du Col de la Vaccia:** Mit Topaussicht gibt es hier leckere korsische Küche und eiskaltes Pietrabier.

i *Coldellavaccia | Olivese | Tel. 06 43 62 55 62 | keine Website | €€ | GPS 41.833368, 9.090929*

E Tourenverlauf

49,5 km Nach der nur fünf Minuten weiter südlich gelegenen Passhöhe von Col de la Vaccia rollst du ohne große Höhenunterschiede nach **Aullène** aus, dem ersten Dorf der Region Alta Rocca und Pflichtstopp aller Auto- und Motorradcruiser. Der Ortsname bedeutet auf Korsisch so viel wie Kreuzung – und für dich ist der kleine Kreisverkehr im Ortskern untrügliches Zeichen, dass du die D69 jetzt verlässt. Dein neuer Begleiter ist die D420 Richtung Porto-Vecchio. In Quenza kreuzen sich die Fernwanderwege GR 20 und Mare a Mare Sud. Vorbei an den Campingplätzen **La Rivière** (▶ S. 161) und **Bavella Vista** (▶ S. 161) kurvst du nach Zonza.

Spot 19

Zonza
Sportlerparadies in den geheimnisvollen südkorsischen Bergen
▶ **S.158**

40 km Ab auf eine der bekanntesten Bergstraßen der Insel: die D268 Richtung Solenzara. Nach vier Kilometern liegt rechts Europas angeblich höchstgelegene Pferderennbahn, das **Hippodrome de Viseo** *(Eintritt 5 €, Kinder kostenlos | D268 | Zonza)*, an der nur etwa sechsmal im Jahr ist etwas los ist: Ende Juni bis Ende August kannst du hier an den Wochenenden auf die schnellsten Rösser wetten. Den Rest des Jahres herrscht gähnende Leere auf dem einsamen Parkplatz. Ab und an kannst du es schon durch die Baumwipfel der Korkeichen und Schwarzkiefern erspähen: Das Nonplusultra-Panorama der **Aiguilles de Bavella,** die sieben Haupt- und unzähligen Nebennadeln des Bavellamassivs, die stolz in den meist azurblauen korsischen Himmel ragen. Die zerklüfteten Bergspitzen bieten je nach Tageszeit und Sonnenstand ein anderes Farbenspiel und sehen aus jeder Perspektive völlig anders aus. Einen ersten Blick darauf hast du schon von den Parkplätzen am Straßenrand aus, noch einmal komplett unterschiedlich präsentieren sich die Felsnadeln am großen **Parkplatz am Col-del-Bavella-Pass** *(GPS 41.795715, 9.224104)*. Auch wenn du hier zwischen der Blechlawine aus Ausflüglern und Reisebussen selten allein bist, ist das Panorama mit den zerrupften Kiefern im Vordergrund einfach zu schön, um hier nicht eine längere Pause einzulegen.

Col de Bavella

Hier soll die Schneemadonna *(Notre-Dame de la Neige)* vor Gefahren in den Bergen schützen und nicht selten wird sie dazu mit Danksagungen, Tafeln, Kerzen und allerlei Votivbildern überschüttet. Ein großer **Parkplatz** weist darauf hin, dass viele Wanderer auf dem Fernwanderweg GR 20 ihr Trekkingabenteuer hier beginnen oder beenden. Viele nutzen den Bergpass aber auch als erste oder letzte Zwischenstation auf dem Weg zum klassischen GR20-Start- und Endpunkt in Conca. Denn unterhalb des Col del Bavella gibt es zahlreiche Refuges, Bars und Ausflugslokale, die sich in dem schattigen Schwarzkiefernforst unterhalb der Passstraße verstecken. Der Parkplatz ist außerdem Start mehrerer Kurzwanderungen (▶ S. 159). Schon fast ruhig und einsam wird es, wenn du dich auf den Aussichtspunkt **Croix de Leccia** aufmachst: Steinig und steil führt der Weg das Bavellamassiv hinauf.

i *2 km langer Rundweg | 2 Wanderstunden | grüner Markierung folgen*

P *GPS* 41.795660, 9.224141

Wenn du nach der Tour Hunger bekommen hast, ist etwa 300 Meter vom Parkplatz entfernt die **Auberge du Col de Bavella** zwar kein Geheimtipp, aber auch kein Touristennepp. Die Kastanientarte bei Familie Grimaldi loben sogar die Korsen.

UMZINGELT

Zonza liegt idyllisch eingebettet in die korsische Hochgebirgswelt.

tgl. 11–22 Uhr | Tel. 04 95 72 09 87 | auberge-bavella.com | €€ | GPS 41.794975, 9.228835 | Parkplätze vorm Haus, wenn dort ein Reisebus steht, besser meiden!

9 km Nach dem Col de Bavella geht's in Haarnadelkurven steil, aber zweispurig bergab. Ein großer Parkplatz auf der rechten Straßenseite kündigt es an: Hier gibt es was zu erleben!

Canyon di Pulischellu

Badebeckenspass pur! Vom Parkplatz läufst du noch ein paar Meter weiter bis zu einer Brücke, dort befindet sich der Einstieg zu den großen Naturbadewannen von Pulischellu. In rund fünf Minuten flussaufwärts kannst du eiskalt abtauchen.

P *GPS 41.820031, 9.260439*

Insider-Tipp
Weiterwandern lohnt sich

Mach nicht gleich am ersten Badebecken halt – da, wo alle ins Wasser hüpfen! Flussaufwärts findest du weitere Gumpen, in denen du sehr viel ungestörter das erfrischende Badeerlebnis genießen kannst! Dazu musst du dich nur ein wenig durch das Gestrüpp kämpfen!

20 km Kilometerweise Kurven und ein Premiumpanorama im Rückspiegel begleiten deinen Weg ins Tal. Auf mehreren Parkplätzen kannst du anhalten, nicht selten warten dort Wander- und Canyoningtruppen auf Outdoorsportler, denn unterhalb der Straße liegen mit dem schönen Purcaraccia, der wilden Vaccaschlucht und dem unteren Flusslauf des Pulischellu die spektakulärsten Canyons der Insel.

i Wenn du mitschluchteln willst, melde dich rechtzeitig bei ***Bavella Canyon*** *an: ab 40 € pro Person | Tel. 06 20 27 49 41 | Onlinebuchung unter bavellacanyon.com*

Nächste Haltemöglichkeit ist der Parkplatz von **Bocca di Larone** *(GPS 41.832160, 9.275452)* mit den Superrutschen von Purcaraccia (▶ S. 51). Lenke einfach weiter talwärts. In einer engen Kurve liegt rechts der Parkplatz der Brücke von **Pont de Fiumicelli** (▶ S. 51). Dann plötzlich, hinter der nächsten Kurve, weitet sich das Tal zum breiten **Vallée de la Solenzara.** Hier weisen zahllose Parkmöglichkeiten darauf hin, dass du nur wenige Meter von der Straße entfernt in den immer noch klirrend kalten Fluss springen kannst. Weiter flussabwärts werden die Gumpen breiter und das Wasser selbst für Warmduscher annehmbar temperiert. Eine Snackbar und einen Campingplatz direkt am Fluss gibt es bei **U Ponte Grossu** *(Sari-Solenzara | Tel. 04 95 48 26 61 | upontegrossu.com | €€€ | GPS 41.834634, 9.322253)*. Bevor das Tal sich Richtung der Solenzaramündung öffnet, liegt noch eine schöne Campingalternative am Wegesrand: **U Rosumarinu** gehört zu den größten Flusscampingplätzen der Insel und hat schöne, schattige Stellplätze in einem Eukalyptushain im Angebot *(Sari-Solenzara | Tel. 04 95 57 47 66 | urosumarinu.fr | €€€ | GPS 41.844022, 9.342644)*. Wenn du auf der linken Straßenseite die mitten an den Fluss geklatschen Mobilheime und wenig naturnahen Eco-Lodges des Camping Sole di Sari erkennen kannst (Stellplätze für Wohnmobile gibt es hier nicht), hast du es fast geschafft. Bei Solenzara trifft deine Bergroute auf die Ostküstenmagistrale der T 10 von Bonifacio nach Bastia.

Ziel  **Solenzara** ▶ S. 114

Optionaler Anschluss: Tour D

Moltifao & Ascotal
Tief im Tal und ganz hoch hinaus

Viel los ist nicht am Fuß des Ascotals: ein kleines Dorf, weitläufig verstreute Höfe und ein paar Gumpen zum Planschen. An diesem Ort gibt's wohl mehr Schildkröten als Einwohner! Die meisten Tagesgäste rauschen hier nur durch, weil sie ganz hoch hinauswollen: nach Haut-Asco. Im Sommer Motorradfahrer und Rennradler, im Winter Skibegeisterte, denn seit 2015 haben die beiden Skilifte wiedereröffnet. Am höchsten hinaus wollen ambitionierte Wanderer, auf die Spitze des Monte Cinto, der wie ein stiller Riese über dem Tal wacht.

P *Parkmöglichkeit mitten in Moltifao bei GPS 42.487841, 9.117476 und in Haut-Asco bei GPS 42.403342, 8.923732.*

GEHEIMNISVOLL

Inmitten wunderbarer Natur erbauten die Franziskaner den Couvent Saint François de Caccia.

AKTIVITÄTEN & SIGHTSEEING

1 Abstecher ins Ascotal

Diese 25 Kilometer lange Kurvenorgie führt dich bis unter das Monte-Cinto-Massiv, der mit 2706 Metern höchsten Erhebung der Insel. Kaum zu glauben, dass es von der auf 1450 ü.d.M. gelegenen Endstation noch einmal fast doppelt so weit nach oben geht! Mehr über die Mufflonschafe, die hier zuhauf auf den Bergwiesen und in den dichten Schwarzkiefernforsten weiden, kannst du in dem kleinen **Maison de Mouflon** erfahren. ***Infos:*** *unregelmäßige Öffnungszeiten* | asco.corsica ***Parken:*** *an der Talstation der Skilifte bei GPS 42.403365, 8.923767*

2 Couvent Saint François de Caccia

Schon von Weitem kannst du das wuchtige Franziskanerkloster erkennen, das im 18. Jh. Treffpunkt konspirativer korsischer Nationalisten und während der französischen Eroberung schwer umkämpft war, bevor es verfiel. 1824 wurde in der Ruine des Kirchenschiffs ein Friedhof angelegt. Statt Altären schmücken Gräber die Seitenkapellen und Wildwuchs macht sich im Kirchenschiff breit. ***Infos:*** *D47 | Castifao | GPS 42.496074, 9.116487*

Insider-Tipp
Nächtlicher Besuch im Gruselkonvent

Ziemlich schaurige Friedhofsstimmung herrscht hier, wenn die Dämmerung über den Konvent hereinbricht!

3 Immer an der Wand entlang

Hängebrücken, Taue zum Entlanghangeln, über Felsspalten ruckelnde Seile und weit unten der rauschende Bach: Der **Treffpunkt Asco Vallée Adventure Park** mit seiner Via Ferrata ist der anspruchsvollste Klettersteig der Insel. Den dreieinhalb Stunden dauernden *Parcours sportif* solltest du vorbuchen! ***Infos:*** *Treffpunkt und Infozentrum Ascosa | Lieu-dit Baccario | RT30, Ponte-Leccia | GPS 42.476961, 9.200713 | interracorsa.com*

4 Auf zu den hundertjährigen Fossilien

Sie haben selbst die Saurier überlebt: Die Hermannschildkröte gehört zu den

REGENTAG – UND NUN?

5 Beim Vaterlandsvater vorbeischauen

U babbu di a patria nennen die Korsen ihren größten Volkshelden. Er setzte sich für Demokratie und die Unabhängigkeit ein, gründete in Corte eine Uni und war ewiger Widersacher Napoleons. In seinem Geburtshaus **Musée Maison Natale de Pasquale Paoli** in Morosaglia findest du viele Infos aus der Zeit der kurzen korsischen Unabhängigkeit. ***Infos:*** *Mitte Mai–Sept. tgl. 9–12 u. 13–18, Okt.–Mitte Mai Mo–Sa 10–17 Uhr | Eintritt 2 €* ***Anfahrt:*** *über Ponte Leccia und die kurvige D71* ***Parken:*** *unterhalb des Museums am Straßenrand bei GPS 42.437611, 9.309198*

ältesten Wirbeltieren der Welt und kann über hundert Jahre alt werden. In der Schildkrötenstation **Le Village des Tortues** kannst du sie in halbwilder Umgebung beobachten. ***Infos:*** *tgl. 9.30–17 Uhr | Eintritt Erwachsene 6, Kinder 5–16 Jahre 3 € | villagedestortues.wordpress.com* **Parken:** *entlang der Straße bei GPS 42.469629, 9.120745*

ESSEN & TRINKEN

6 Petra e Legnu

Miniresto mit Shabby-Chic-Garten. Wie der Name schon sagt, alles aus Stein und Holz. Bis auf das Menü, denn das bietet einfache Snacks, leckere Pizzen und Salatwraps. Nur nicht wundern, wenn dir eine Horde freilaufender Hühner beim Schlemmen auf den Teller starrt. ***Infos:*** *Di–So 10–21 Uhr | Loc. Lieu dit Cabanella, Moltifao | Tel. 07 86 89 57 03 | Facebook: PETRA E LEGNU | €€*

7 Restaurant de la Miellerie d'Asco

Kleines, feines Stopover-Restaurant auf dem Weg hoch ins Ascotal. Lecker sind die ausgefallenen Crêpes, aber auch das mit Kastanien- und Haselnussmehl panierte *escalopes*. ***Infos:*** *tgl. durchgehend | Rue Poggiola | Asco, am Ortseingang | Tel. 06 47 50 06 71 | keine Website | €€*

EINKAUFEN

8 Miel d'Asco & Fromage fermier

Hier kannst du den würzig-bittersüßen Berghonig direkt beim Imker kaufen und im Juni gleich noch den frischen, bröckeligen Schafskäse *brebis frais* probieren. Später im Jahr gibt es den nur noch gereift! ***Infos:*** *Asco | GPS 42.448285, 9.027427 | Facebook: Miel d'Asco & Fromage fermier | €€ | hinter Asco auf die Ausschilderung achten, enge Zufahrt!*

ERNÄHRUNGSPROFI

Die saftigen Kräuter der Monte-Cinto-Bergwiesen bilden die Basis für die gute Milch der Mufflons.

STELL- & CAMPINGPLÄTZE

9 Der Kleine, aber Feine

Dieser kleine Platz liegt an der Straße nach Asco, aber noch weit bevor das Tal eng und steil wird. Nur wenige, dafür aber großzügige und supergepflegte Stellplätze. Unten am Ascofluss hast du deine eigene Flussbadestelle.

Camping E Canicce

€€ | Route d'Asco, Moltifao | Tel. 04 95 35 16 75 | campingecanicce.com GPS 42.475462, 9.134737

▶ **Größe:** *ca. 28 Stellplätze*
▶ **Ausstattung:** *Swimmingpool, Restaurant, Eisbar, Bäckerservice, Waschmaschine, aber keine Ver- und Entsorgungsmöglichkeiten*

10 Der Ausgezeichnete

Ein paar Kilometer weiter talaufwärts liegt dieser Komfortplatz mit seichter Flussbadestelle, picobello sauberen Sanitäranlagen und großzügigen, schattigen Stellplätzen in einem Steineichenhain.

Camping Tizarella 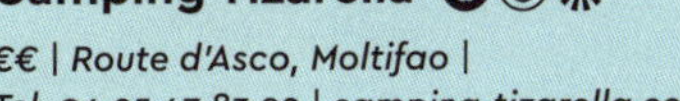

€€ | Route d'Asco, Moltifao | Tel. 04 95 47 83 92 | camping-tizarella.com GPS 42.469982, 9.120870

▶ **Größe:** *ca. 32 Stellplätze*
▶ **Ausstattung:** *Bar und Restaurant, Swimmingpool, Internet, Brötchenservice, Info-Point für Wanderziele im Ascotal*

11 Basislager für Hardcoretrekker

Einfache Stellplätze unter hohen Kiefern in idealem Hängemattenabstand. Nur fünf Kilometer von der Skistation Asco entfernt, wo eine der härtesten Bergbesteigungen der Insel auf dich wartet: Die Nordvariante auf den Monte Cinto! Oder wähle den 1,5-Stunden-Aufstieg zum Pass von Bocca di Stagnu mit Blick auf die Westküste. Deine müden Wandererwaden kannst du anschließend vor Ort an der kleinen Flussbadestelle kühlen. Brot und Croissants für den nächsten Tag besser vorbestellen!

Camping Monte-Cinto 

€ | Haut-Asco | Tel. 04 95 47 86 08 | campingmontecinto-asco.com GPS 42.414578, 8.944978

▶ **Größe:** *ca. 50 Stellplätze; Mietunterkünfte: einfache Wohnwagen*
▶ **Ausstattung:** *kleiner Einkaufsladen, Bar und Snacks, Stellplätze teilweise ohne Strom*

Corte
Lebendige Studentenstadt inmitten atemberaubender Natur

Corte liegt nicht nur inmitten wunderbarer Natur: In den Altstadtgassen kannst du korsische Geschichte schnuppern, aber auch Studentenleben mitbekommen. Hier sitzt die einzige Universität der Insel und rund die Hälfte der knapp 6000 Einwohner sind Hochschüler. Darunter mischen sich Touristen und Wanderer, die zu Füßen der Freiheitskämpfer, denen man hier heroische Statuen errichtet hat, die Plätze und Gassen mit ihren zahllosen Restaurants bevölkern.

P *Auf der Höhe der Uni auf das Schild „Parking Gratuit" achten, das zu einer leider nicht selten mit Autos zugeparkten Einfahrt auf einem großen Parkplatz (GPS 42.304253, 9.153204) leitet, von dem aus ein steiler Fußweg in die Innenstadt führt. Kleine Camper ohne Aufbauten parken bei GPS 42.30656315765856, 9.151450278478965 das Parkhaus Tuffelli (maximale Fahrzeughöhe 2 Meter).*

AKROBATISCH

... turnt die Zitadelle mit dem Musée de la Corse auf der Felsnase hoch über Corte.

AKTIVITÄTEN & SIGHTSEEING

1 Durch die geschichtsträchtigen Gassen streifen

In Corte sind die Korsen mächtig stolz auf ihre Geschichte: Hier herrschte der Volksheld Pasquale Paoli – das hat ihm ein Standbild auf der gleichnamigen Place eingebracht. Widerstandkämpfer Gianpietro Gaffori schmückt als Statue den Platz vor dem Nationalpalast. Besten Blick auf die Zitadelle, die wie ein Adlernest auf einem Felssporn thront, hast du von der Aussichtsplattform **Belvédère de Corte** (die Holzschilder sind kaum zu übersehen).

2 Zum Chillen ins Tavignanotal spazieren

Gleich hinter der Zitadelle beginnt der Wanderweg **Vallée du Tavignano** mit herrlicher Landschaft, tollen Ausblicken und unterwegs unzähligen Badegumpen. Nach zwei Trekkingstunden erreichst du die Hängebrücke **Passerelle de Rossolino.** ***Parken:*** *bei GPS 42.308117, 9.147411 | von dort ausgeschildert*

Insider-Tipp

Wo Licht, da kein Schatten

Auf keinen Fall in der Mittagshitze losspazieren, da die Wanderung weitgehend schattenlos ist. Ausreichend Trinkwasser mitnehmen!

3 Wuchtige Schwarzkiefern und glasklare Bergseen

Das **Restonicatal** ist das bekannteste Wandergebiet der Insel. Graue Bergwände, strahlend weiße, runde Findlinge, breite, glatte Felsplatten und selbst bei großer Sommerhitze weht immer eine erfrischende Brise von den Bergseen herüber! Von der **Bergerie de Grotelle** erreichst du in 1,5 Stunden den prächtigen, kreisrunden, glasklaren **Lac de Melo.** Der ehemalige Gletschersee liegt in einem Talkessel, eingerahmt von sattgrünen Sumpfwiesen und schneebedeckten Felswänden. Ein Pfad führt weiter zum **Lac Capitello.** Der liegt so hoch, dass er acht Monate im Jahr zugefroren ist. ***Infos:*** *Enge Zufahrt durchs Restonicatal, zur Saison für Camper gesperrt! Einen Shuttleservice ab Corte und allen Campingplätzen bietet Autocars Cortenais | Vorbestellung bis 21 Uhr am Vortag unter Tel. 06 20 17 17 55 | Hin und zurück 15 € pro Person | autocars-cortenais.fr |*

REGENTAG – UND NUN?

4 Ab in die Museumszitadelle!

In der wuchtigen Zitadelle von Corte kannst durch das **Musée de la Corse** strolchen. Es zeigt einen anthropologischen Querschnitt durch korsische Traditionen sowie spannende Wechselaustellungen. Die Franzosen bauten den hoch auf einem Schieferfelsen gelegenen Burgberg aus, der zwischenzeitlich auch als Haftanstalt und Kaserne diente. ***Infos:*** *Nov.–März Di–Sa 10–18, April–Okt. Di–So 10–18, im Hochsommer bis 20 Uhr| La Citadelle | Corte | museudiacorsica.corsica | Eintritt 5,50, Kinder ab 10 J. 3 €*

5 Freeclimben an der frischen Luft

Klettern als athletisch-technischer Kraftakt in der klimatisierten Boulderhalle? Von wegen! Eine Kalkwand im Schatten, Ausrüstung und Guide und schon kannst du dich an den Outdoor-Übungswänden im Restonicatal austoben. Agnès und ihr Outdoorshop **Altipiani** sind eine Abenteuerurlaubsinstitution. Sie veranstaltet geführte Wanderungen, Canyoningtouren und E-Bike-Ausflüge. ***Infos:*** *Place Paoli 2| Corte | Tel. 06 86 16 67 91 | altipiani-corse.com/de*

ESSEN & TRINKEN

6 Le Rex Lounge Bar

Cortes schickste Bar und so beliebt, dass die Dorfjugend gleich mehrmals am Abend mit aufgemotzten Gefährten daran vorbeibraust. Das Geschehen kannst du dir bei Cocktails und donnerstags Livemusik zu Gemüte führen. ***Infos:*** *Cours Paoli 1 | Corte | Facebook: Le Rex Corte | €€*

7 Patisserie Casanova 1887

Quicheparadies an der Straßenecke: Die leckeren Minitörtchen sind der ideale Snack für deine Wanderpause! Klassisch oder mit Zucchini und Schafskäse, Pilzen oder Jakobsmuscheln, aber auch leckere Brotsorten kannst du hier erstehen. ***Infos:*** *tgl. 6–20 Uhr | Cours Paoli/ Avenue Xavier Luciani | Corte | €*

8 Le 24 Restaurant

Was passt besser zu einer großen Weinauswahl als täglich frische Fisch- und Fleischspezialitäten? Etwas außerhalb der Altstadt gelegen, darum spazieren viele Tagestouristen mit Fear-of-missing-out-Syndrom an diesem Gourmetleckerbissen auf dem Cours Paoli vorbei. ***Infos:*** *tgl. 11–23 Uhr | Cours Paoli 24 | Corte | Tel. 04 95*

KÖSTLICH

In Corte kann man sich mit korsischen Leckereien eindecken.

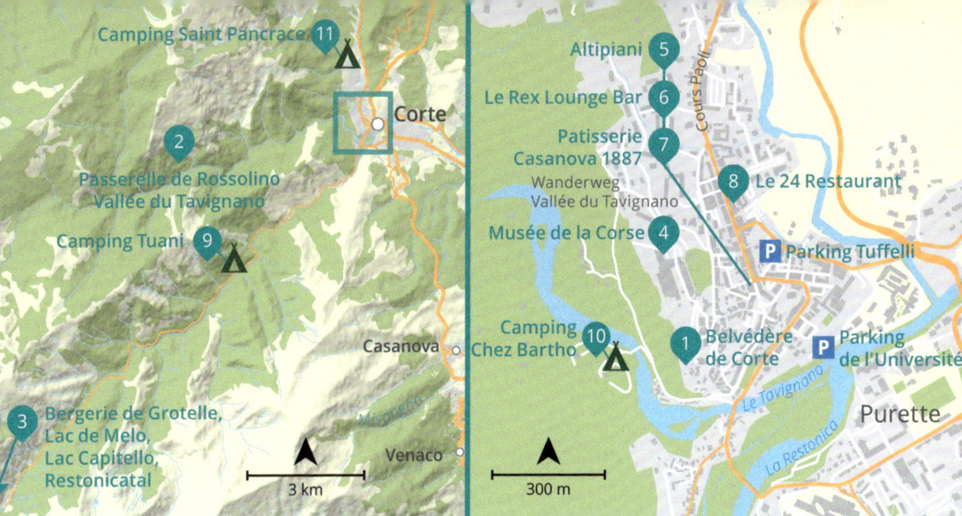

46 02 90 | Facebook: Le 24 restaurant – bar à vin – Corte | €€

STELL- & CAMPINGPLÄTZE

9 Der Flussnahe

Großer Platz im Restonicatal. Bis hierher kommst du mit etwas Rangierglück auch in der Hochsaison (hinter dem Platz wird die Camperzufahrt talaufwärts im Sommer gesperrt). In der Nebensaison kannst du einen Platz direkt am plätschernden Fluss ergattern, ansonsten gibt es Schattenplätze unter dichten Kiefern.

Camping Tuani

€€€ | Vallée de la Restonica, Corte |
Tel. 04 95 46 19 62 | camping-corte.com
GPS 42.275666, 9.107676

- **Größe:** *ca. 100 Stellplätze*
- **Ausstattung:** *Flussbadestelle, Kinderspielplatz, Restaurant, Gasflaschen und Eiswürfelverkauf*

10 Der Stadtnahe

Klein, urig, zehn Minuten zu Fuß zur Altstadt nächtigst du bei Bartho und mit etwas Stellplatzglück hast du sogar die Zitadelle im Blick. Schöne, schattig-romantisch angelegte Plätze, die allerdings nur für kleine Wohnmobile geeignet sind – genauso wie die enge Zufahrt. Wenn es morgens an der Dusche zum Stau kommt, kannst du direkt in die Flussbadestelle springen und danach vom nur fünf Minuten vom Platz entfernten Einstieg ins Tavignanotal wandern.

Camping Chez Bartho

€ | Chemin de Baliri | Corte |
Tel. 04 95 46 02 30 | campingchezbartho.co
GPS 42.304273, 9.146265

- **Größe:** *ca. 25 Stellplätze*
- **Ausstattung:** *Ausstattung Flussbadestelle, Kinderspielplatz, Restaurant, Bar, Tischtennis*

11 Der Authentische

Hier nächtigst du unter Steineichen beim Käsebauern: Unbedingt den leckeren Ziegenkäse *fromage de brebis* vom Hof mitnehmen! Nur wenige Kilometer nördlich von Corte gelegen und mit nur wenigen Womoplätzen.

Camping Saint Pancrace

€ | Place de Saint Pancrace | Corte |
Tel. 04 95 46 09 22 | campingsaintpancrace.fr
GPS 42.320335, 9.147017

- **Größe:** *ca. 25 Stellplätze*
- **Ausstattung:** *Hofverkauf, Pizzeria*

Ghisoni
Rauschende Wasserfälle und raschelnde Schwarzkiefern

So malerisch wie ab vom Schuss: Gerade mal verschlafene 300 Einwohner logieren in Ghisoni inmitten dichter Kiefern- und Kastanienwälder, umgeben von tiefen Schluchten, glasklaren Bergseen und wilden Sturzbächen. Seit 1975 bringen von Dezember bis Ostern zwei Lifte am Fuß des Monte Renoso Skibegeisterte auf 1840 Meter Höhe. Die meisten Tagestouristen verschwinden am Abend wieder an die Küste: Wenn du im Sommer einsam urlauben willst, bist du hier genau richtig!

P *Parkmöglichkeit im Ort vor der Post bei GPS 42.103571, 9.212999.*

EINSAM

Der Lac de Bastani ruht auf über 2000 Meter Höhe.

AKTIVITÄTEN & SIGHTSEEING

1 Ein Ypsilon steht im Walde ...

Von Ghisoni talwärts kaum zu übersehen: der von einem Waldbrand schwer ramponierte Y-Baum **Le pin Fourchu de Testalu.** Hier befindet sich der Einstieg zu einer bekannten Flussbadestelle. Der reißende, eiskalte Fluss hat Naturrutschen für Waghalsige in den harten Stein geschliffen. Die Gumpen sind so tief, dass du bei hohem Wasserstand aus zehn Metern Höhe in die Tiefe springen kannst! ***Parken:*** *direkt am Straßenrand bei GPS 42.094629, 9.221676*

Insider-Tipp

Die besten Gumpenplätze sichern

Viele Urlauber reisen von der Küste hierher – deswegen lohnt es sich, den frühen Vogel zu mimen, um die besten Parkplätze und die schönsten Sonnenplätze auf den Felsen zu ergattern!

2 Hier geht's so richtig eng zu

Hinter dem Y-Baum wird's nervenkitzlig für Gefährt und Fahrer: An der tiefen Schlucht von **Défilé de l'Inzecca** krallt sich die einspurige Straße fast 100 Meter hoch über dem Abgrund hauteng an die Felswand. Hier hat sich der Fluß Fiumorbo besonders tief in den Fels gebuddelt und Zyklopensteine aufgetürmt. Der Blick in die enge Schlucht ist spektakulär: Am Ende des Canyons leuchtet am Horizont das stahlblaue Meer. ***Infos:*** *Richtung Küste führt die D344 nach Ghisonaccia durch Weinberge auf schnurgerader Straße.*

3 Skifahren oder zum Belvédère de la Corse wandern

In **Ghisoni-Capanelle** kannst du nicht nur Skifahren! In zwei Stunden Fußmarsch erreichst du über alpine Bergwiesen und Kiefernwälder den eiskalten Bergsee von **Lac de Bastani** – einer der höchstgelegenen Seen der Insel (2089 Meter), über 24 Meter tief und sieben Monate im Jahr zugefroren. Bis zum Gipfelkreuz des **Monte Renoso** ist es dann noch eine gute Stunde – pro Strecke. Die Bergspitze wird auch Belvédère de la Corse genannt, weil du von dort den ganzen Süden der Insel überblicken kannst. Gen Norden versperren der Monte d'Oro und Monte Rotondo den Weitblick. ***Anfahrt:*** *Die knapp 15 km lange Anfahrt der D169 ist nur mit kleinen Campern möglich; im Frühjahr weist die Zufahrt oft Straßenschäden auf.*

4 Korsikas größte Kiefer kennenlernen

Spazierst du vom **Col de Verde** aus auf den Spuren des GR20 eine Dreiviertelstunde gen Westen, kannst du Korsikas größter Tanne einen Besuch abstatten. Stattliche 9,40 Meter Umfang hat der prächtige Stamm und der stolze Baum ist über 50 Meter hoch! Nach dem Waldspaziergang (etwa 45 Minuten pro Strecke) kannst du dich an der Berghütte ausruhen (▶ S. 141). ***Parken:*** *Camperparkplätze bei GPS 42.028374, 9.194499*

5 Dich im Parc Aventure Ghisoni verausgaben

Das Klettern über der Inzeccaschlucht ist einer der schönsten Kletterparkerlebnisse auf Korsika und bietet Kletterstrecken für Kinder *(Parcours Kids für 5- bis 9-jährige)* und Erwachsene *(Grand Parours)*. Als Belohnung nach den Anstrengungen des roten Parcours lässt du dich über eine 250 Meter lange Seilrollenrutsche hoch über den Kiefernwipfeln ins Fiumorbotal abrollen *(Parc Aventurier + Tyrolienne)*. Anschließend kannst du dich auf den riesigen Findlingen am Bach erholen. **Infos:** *Juni–Mitte Sept. 10–17 Uhr | Tel. 04 95 48 54 66 | parc-aventure-ghisoni.com | Erwachsene 23, Kinder 13 €* ***Parken:*** *wenige Möglichkeiten am Park bei GPS 42.100301, 9.243141*

ESSEN & TRINKEN

6 A Vecchia Mina

Gleich neben dem Abenteuerpark gelegen. Mittags gibt's Snacks für müde Kletterer, abends wird korsische Bergküche aufgetischt. Nur ein Banause würde hier Fisch und Pizza bestellen, denn in den Bergen wird Frischfleisch serviert! ***Infos:*** *tgl. 9–15 und 18.30–0 Uhr | Route de Ghisoni | Ghisoni | Tel. 04 95 57 63 42 | Facebook: Auberge a Vecchia Mina Ghisoni | €€* ***Parken:*** *direkt an der Hauptstraße bei GPS 42.100370, 9.243308*

7 A Stazzona

Bei diesem Allroundrestaurant mitten in Ghisoni kannst du nicht viel falsch machen. Leckere Küche und flotter Service für Pizza, Salate und Eis. ***Infos:*** *tgl. 12–15 u. 18.30–0 Uhr | Pruniccia | Ghisoni | Tel. 04 95 56 00 11 | Facebook: A Stazzona | €€* ***Parken:*** *stressfrei mit etwas Glück vor der alten Post bei GPS 42.103491, 9.212749*

8 Gite U Fugone

Unweit der Skistation erwartet dich Familie Maurizi in ihrer Berghütte mit

ONE-POT

Die deftigen korsischen Eintöpfe mit Rind oder Wildschwein werden oft mit Maquiskräutern verfeinert.

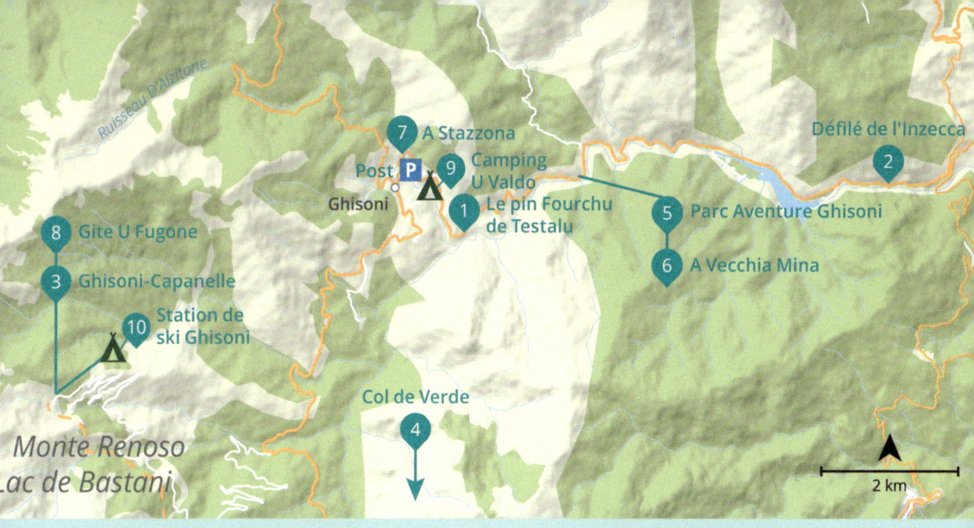

deftigem Mittag- und Abendessen oder zur Einkehr bei Kaffee und famosen Kuchen als Energiebooster nach der anstrengenden Monte-Renoso-Wanderung. ***Infos:*** *tgl. | Capanelle-Ghisoni | Tel. 04 95 57 01 81 | gite-u-fugone.com | €€* ***Parken:*** *gute Möglichkeiten bei GPS 42.077428, 9.150254*

STELL- & CAMPINGPLÄTZE

9 Es grünt so grün auf diesem Campingground

Wenn du denkst, du stehst im Wald, dann hast du dein Gefährt vielleicht auf dem Waldcamping U Valdo abgestellt. Mit etwas Glück ist nicht viel los und du siehst den nächsten Nachbarcamper vor lauter Bäumen nicht! Bis in den Ort spazierst du etwa zehn Minuten. Den Gang zum Bäcker kannst du dir morgens sparen, wenn du abends einfach Backwaren an der Bar vorbestellst. Der Betreiber kann dir auch Wandertipps zu den klaren Bergseen und den Sturzbächen geben, die sich in den dunklen Kiefernforsten verstecken.

Camping U Valdo 

€ | Route du Col de Verde | Ghisoni | Tel. 06 38 89 02 79 | Facebook: Camping U Valdo Ghisoni GPS 42.099206, 9.215963

- **Größe:** *25 Stellplätze*
- **Ausstattung:** *Snackbar, Grillplätze, Waschmaschinen*

10 Parkplatz der Skistation

Als eine der wenigen Parkplätze auf der Insel wird an der Skistation von Ghisoni nicht so genau hingeschaut, wenn ein Camper über Nacht stehen bleibt. Damit das so bleibt, gilt gerade hier der Ehrenkodex des Freistehens, den Platz immer so oder gar sauberer zu verlassen, als man ihn vorgefunden hat! Wer auf Nummer sicher gehen will, fragt weiter talwärts bei U Fugone nach, ob eine Übernachtung okay geht.

Station de ski Ghisoni

Ghisoni | Tel. 04 95 57 61 28 | GPS 42.077876, 9.147504

- **Größe:** *ca. 0,5 Hektar*
- **Ausstattung:** *keine Ausstattung, Frühstück und Abendessen bei U Fugone*

Zonza

Sportlerparadies in den geheimnisvollen südkorsischen Bergen

Schon in der Neusteinzeit war hier mächtig viel los: In großen Urzeitfestungen versteckten sich hier die Urzeitkorsen vor Eroberern. Heutzutage tummeln sich Wanderer, Mountainbiker und Pferdefreunde in den dichten Wäldern. Und an der Krone Korsikas, den beeindruckenden Felszacken der Bavella, dem augenscheinlich spektakulärsten Gebirge der Insel. Nach einem Erlebnistag in dieser Alta Rocca genannten Region treffen sich Ross, Reiter und Trekker in Zonza in einem der Restaurants am Platz.

P *Parkmöglichkeit in Zonza unterhalb der zentralen Piazza bei GPS 41.750948, 9.171393, Zufahrt über die D268 Richtung Sartène.*

STILLLEBEN

Fast künstlerisch angeordnet erscheint die Landschaft auf dem Ospedale-Hochplateau.

AKTIVITÄTEN & SIGHTSEEING

1 Den rätselhaften Torreanern auf der Spur

Um 1600 vor Christus wurde Südkorsika von dem rätselhaften Torreanervolk erobert. Ihre alten Rundbauten **Castellu di Cucuruzzu** und **Capula** liegen zwischen uralten Steineichen und knorrigen Kastanienbäumen und der Ausblick über das Alta-Rocca-Gebirge ist phänomenal! ***Infos:*** *April, Mai, Okt. 9.30–18, Juni–Sept. 9.30–19 Uhr | Eintritt 4, Jugendliche bis 25. J. und Senioren 3 €* ***Anfahrt:*** *über Levie und D268, einspurige Zufahrtsstraße* ***Parken:*** *bei GPS 41.717082, 9.128467*

2 Korsikas engsten Wasserfall bestaunen

Auf dem Hochplateau von Ospedale startet eine beliebte, gut einstündige Wanderung durch eine imposante Landschaft aus plattgewaschenen Granitfelsen und vom Wind zerrupften Schwarzkiefern zum Wasserfall **Piscia di Gallo,** wo das Flüsschen Oso durch einen engen Felsspalt über 60 m in die Tiefe stürzt. Um auf die Aussichtsplattform zu gelangen, ist eine steile, am Ende ungesicherte Kletterpartie notwendig – nichts für kleine Kinder! ***Anfahrt:*** *Zufahrt Richtung L'Ospedale und D368* ***Parken:*** *Parkplatz mit Snackbar La Cascade bei GPS 41.687378, 9.198067, 3 €*

Insider-Tipp
An die Kette gelegt

Wenn du die Strecke mit dem MTB fährst, nimm ein Schloss mit und sichere dein Bike vor dem letzten Kletterstück!

3 Zu Korsikas Wildpferden auf die Hochebene von Coscione

Im Frühling Feuchtwiese mit unendlichen Moosteppichen, im Hochsommer Steppenlandschaft, im Winter Schneewüste. Das ist das Weideland von ausgewilderten Pferden und Schweinen. Du kannst einfach durch die Wiesen streifen, auf einem der aufgetürmten Granitbrocken deine Yogamatte ausbreiten oder im Winter sogar mit Langlaufskiern deine Bahnen ziehen. ***Parken:*** *enge Zufahrt nur für Bullies und kleine Camper, Parkplatz bei GPS 41.823292, 9.141620* ***Anfahrt:*** *Richtung Quenza, dort auf der Höhe der Dorfkirche nach Coscione abbiegen.*

4 Wanderung zum Bombenloch

Zum natürlichen Felsbogen mit dem wenig friedlichen Namen **Trou de la Bombe** spazierst du auf der dem Bavellamassiv abgewandten Südseite des Pas-

REGENTAG – UND NUN?

5 Besuch bei der alten Dame der Île de Beauté

In Levie mitten in den südkorsischen Bergen wohnt die älteste Korsin – im **Musée d'Archéologie et d'Ethnographie de l'Alta Rocca.** Die sterblichen Überreste der Dame de Bonifacio sind 9000 Jahre alt! Außerdem gibt es unzählige Fundstücke aus der Steinzeitvergangenheit Südkorsikas. ***Infos:*** *Juni–Sept. tgl. 10–18, Okt.–Mai Mo–Sa 10–17 Uhr | Eintritt 4, Kinder 2,50 € | Quartier Prato | Levie*

ses an dem Kirchlein Chapelle de la Sainte Vierge vorbei durch einen mächtigen Kiefernwald. Schon nach 20 Minuten hast du einen tollen Fernblick auf den stolzen, acht Meter hohen Felsbogen. ***Infos:*** *Start am Ostende des Parkplatzes bei GPS 41.795673, 9.224095*

ESSEN & TRINKEN

6 L'Eternisula

Der Korse Jacques-Pierre und seine englische Frau Amanda sorgen in ihrem netten Café dafür, dass neben korsischen auch ausgefallene und vegetarische Gerichte auf die Snackkarte kommen. ***Infos:*** *tgl. | Fontana, gegenüber Hotel Le Tourisme | Zonza | Tel. 04 95 76 11 75 | leternisula.com/ | €€*

7 L'Auberge n'Antru Versu

Während in Zonza alles auf Tagestouristen und schnelle Abfertigung ausgelegt ist, kannst du hier in entspanntem Ambiente und zu fairen Preisen Bergküche, aber auch Holzofenpizza schlemmen. In das kleine San-Gavino-di Carbini verirren sich kaum Touristen. ***Infos:*** *tgl. | Chiusa, San-Gavino-di-Carbini | Tel. 04 95 78 31 47 | aubergeunantruversu.fr | €€*

8 La Ferme A Stadda

Etwas außerhalb von Zonza gelegener Hof mit Pizza aus dem Holzofen und großer Terrasse im Freien. Spezialitäten sind die Rindfleischlasagne mit Brocciu, überbackene Zucchini und Hähnchen. ***Infos:*** *tgl. außer So-Abend und Mo-Mittag | Route de Levie | Zonza | Tel. 04 95 25 45 33 | Facebook: La ferme "A Stadda" | €€*

EINKAUFEN

9 U Montagnolu

Würzig duftende Schinken, schrumpelige Würste und luftgetrockneter

GENUSS AM FLUSS

Viele Campingplätze auf Korsika schaffen mit ihren Flussbadestellen eine tolle Atmosphäre.

Lonzu hängen von der Decke. In allen Ecken stapeln sich Weinflaschen, Marmeladengläser und Käselaibe. Allein hier reinzuschauen, ist ein Erlebnis! ***Infos:*** *tgl. 9–19 Uhr | Fontana | Zonza | €€*

STELL- & CAMPINGPLÄTZE

10 Der einfach Einsame

Der Gemeindecampingplatz von Zonza ist einfach, ruhig gelegen und ohne Schnickschnack. Unter hohen Kiefern fährst du hier dein Vorzelt aus und lauschst dem Plätschern des nahen Bachs. Morgens kommt der Bäckerwagen vorbei. Drei Kilometer bis ins Ortszentrum von Zonza.

Camping Municipal de Zonza 

€ | D 368, Route de Zonza | Tel. 04 95 78 66 87 | keine Website GPS 41.750090, 9.194617

- **Größe:** *ca. 150 Stellplätze*
- **Ausstattung:** *Sanitäranlagen, Ver- und Entsorgung, morgendlicher Bäckerservice*

11 Der einfach Ortsnahe

Bodenständiger Campingplatz im Wald. Wenn du Bespaßung und Poollandschaften suchst, bist du hier fehl am Platz. Dafür gibt es supersaubere Waschräume und eine Flussbadestelle gleich um die Ecke. Großer, terrassierter Abschnitt für Wohnwagen und Camper unter Kiefern. Und es sind nur 500 Meter die Straße entlang bis ins Zentrum von Zonza.

Camping Bavella Vista

€ | D 420, Zonza | Tel. 06 42 16 74 28 | www.camping-bavella-vista.business.site GPS 41.755076, 9.172629

- **Größe:** *ca. 50 Stellplätze; Mietunterkünfte: Tiny Homes*
- **Ausstattung:** *Ver- und Entsorgung*

12 Stellplatzparadies mit Flussbadestelle

Auch hier stehst du mitten im Wald, aber etwas weiter von Zonza entfernt Richtung Quenza. Eine tolle Flussbadestelle verschönert jeden Aufenthalt und erfrischt deinen Tag!

Camping La Rivière  

€ | D 420, Zonza | Tel. 04 95 78 68 31 | www.camping-riviere-zonza.com GPS 41.769022, 9.177028

- **Größe:** *ca. 60 Stellplätze*
- **Ausstattung:** *Kühlschränke und Mikrowelle, Waschmaschinen, Barbecue-Ecken, Buchung von Ausflügen, WLAN*

Planen – Packen – Losfahren

Anreise

Der Weg nach Korsika ist lang. Von Livorno liefert sich MOBY Lines *(mobylines.de)* einen harten Preiskampf mit der haustierfreundlichen Corsica Ferries *(corsica-ferries.de)*. Letztere hat Hausrecht in Savona (Ligurien). Im Sommer legen von Genua die Tag- und Nachtfähren der MOBY Lines nach Bastia ab. Wenn du lieber durch Frankreich fährst, nimmst du von der Rheintalautobahn über Mulhouse die A36, dann die A31/A6 und ab Lyon die A7 nach Marseille oder weiter über die A50 nach Toulon *(beide Überfahrten zu allen korsischen Häfen mit Corsica Linea, corsicalinea.com)*.

STRECKENCHECK

1	**Frankfurt – Basel – Luzern – Gotthard-tunnel – Genua – Korsika**	Entfernung 800 km Reine Fahrzeit ca. 10 Std.	Kosten • 40 € Vignette (CH) • ca. 20 € Maut (I) • Schwerlastabgabe
2	**Stuttgart – Singen – Zürich – Gotthardtunnel – Genua – Korsika**	Entfernung 650 km Reine Fahrzeit ca. 9 Std.	Kosten • 40 € Vignette (CH) • ca. 20 € Maut (I) • Schwerlastabgabe
3	**Ulm – Lindau – San Bernadino – Bologna – Livorno – Korsika**	Entfernung 750 km Reine Fahrzeit ca. 9 Std.	Kosten • 10 € 10-Tages-Vignette (A) • Go-Box für Camper über 3,5 t • 10 € Brenner-Maut (I) • ca. 35 € Maut (I)
4	**Stuttgart – Brig Savona – Korsika**	Entfernung 740 km Reine Fahrzeit ca. 11 Std.	Kosten • 40 € Vignette (CH) • ca. 20 € Maut (I) • Schwerlastabgabe
5	**München – Brennerpass – Livorno – Korsika**	Entfernung 750 km Reine Fahrzeit ca. 10 Std.	Kosten • 10 € 10-Tages-Vignette (A) • Go-Box für Camper über 3,5 t • 10 € Brenner-Maut (I) • ca. 35 € Maut (I)

DÜSSELDORF
DRESDEN
ANTWERPEN
Deutschland
BEL
FRANKFURT
PRAHA
LUX
NÜRNBERG
Česko
STUTTGART
ULM
France
MÜNCHEN
WIEN
CHE
Österreich
SVN
LYON
MILANO
ZAGREB
TORINO
HRV
GENOVA
SAVONA
LIVORNO
MARSEILLE
Italia
ROMA
NAPOLI
Mer
Méditerranée
100 km

FRANKFURT
BASEL
LUZERN
GOTTHARDTUNNEL
GENUA
KORSIKA

Vom Westen Deutschlands führt die schnellste Route nach Sardinien über Frankfurt und Karlsruhe auf der oft staugeplagten Rheintalautobahn A5 über das schweizerische Basel. Wenn du über Luzern gen Süden steuerst (als Zwischenstopp direkt am Vierwaldstätter See empfiehlt sich **Camping International Lido Luzern:** *Lidostraße 19 | CH-Luzern | camping-international.ch*) und den Stauschwerpunkt Zürich meidest, cruist du auf der A2 über Lugano und Chiasso auf die italienische A9, die westlich an Mailand vorbeiführt. Die zunächst sechsspurig ausgebaute Rennstrecke der Autobahn A7 führt via Tortona Richtung Genua. Bei Serravalle lohnt ein Abstecher ins Einkaufsparadies **Designer Outlet Village,** einer der größten Outlet-Malls Europas *(mcarthurglen.com/outlets/en/it/designer-outlet-serravalle)*. Danach beginnt die Kurvenorgie der A7, die sich in engen Kehren durch das Sciviatal quält.

Die Anfahrt auf den Fährhafen Genua ist trickreich: Von der Autobahn A7 aus Mailand führt ein Zubringer *(Autobahnabfahrt Genova Ovest, Porto di Genova/Aeroporto Cristoforo Colombo)* direkt zum Hafen. Die Abfahrt befindet sich kurz hinter einer Kurve. Übrigens: Im Sommer bilden sich in den Abendstunden vor Abfahrt der Fähren lange Staus teilweise bis zurück auf die Autobahn.

In Genua selbst ist der Weg zum Hafen fast überall ausgeschildert, allerdings können die Bezeichnungen auf der undurchsichtigen Anfahrt wechseln *(Porto Passeggeri, Passenger Terminals, Terminal Traghetti, Imbarchi/Check In)*. Wichtig: Rechtzeitig anreisen, denn die Fährgesellschaften schreiben einen 90-Minuten-Check-in vor Abfahrt vor. Wenn du viel zu früh da bist, dann lockt das **Acquario di Genova,** das zweitgrößte Europas mit 70 Terrarien und Aquarien mit etwa 600 Tier- und Pflanzenarten aus aller Welt *(9–20 Uhr, letzter Eintritt 18 Uhr | Area Porto Antico – Ponte Spinola | Genova | acqua riodigenova.it)*.

STUTTGART
SINGEN
ZÜRICH
GOTTHARDTUNNEL
GENUA
KORSIKA

Eine Alternative ab Stuttgart ist die Strecke über Singen. Fast ein gerader Strich auf der Landkarte wären diese 650 km über die A81 (Singener Autobahn), wäre da nicht das Nadelöhr Grenzübergang Thayingen mit einer kurzen Strecke auf der Bundesstraße. Dafür führt dich die Schweizer A4 an Schaffhausen vorbei, wo ein Zwischenstopp mit ausgiebiger Picknickpause am Rheinfall lockt. Auf weitem Bogen geht es um die verkehrsreiche Umfahrung Zürich über die A1 und A3 auf die A4, auf diese Weise östlich am Vierwaldstättersee vorbei auf die A2 durch den Gotthardtunnel, dann weiter wie auf Streckencheck 1.

KOMFORTABEL

Verglichen mit korsischen Passstraßen reist es sich über die Brennerautobahn sehr bequem.

ULM LINDAU SAN BERNARDINO BOLOGNA LIVORNO KORSIKA

Von Ulm führt die A14 über Memmingen nach Lindau, dort durch den mautfreien österreichischen Pfändertunnel, dann Abfahrt Dornbirn-Süd über die österreichisch-schweizerische Grenze von Au auf die eidgenössische A14 Chur/St. Gallen. Wenn's das für den Tag gewesen sein soll: **Waldcamping Landquart** liegt nur fünf Minuten von der Autobahn und bietet einen Stop-and-Go-Tarif von 18 bis 9 Uhr *(Ganda 21 | CH-Landquart | waldcamping.ch)*.

Hinter Chur musst du dich auf Höhe Hinterrhein entscheiden: Willst du schnell durch den knapp sieben Kilometer langen San Bernadinotunnel oder nimmst du lieber den herrlichen Umweg über die alte Passstraße (Wintersperre von Dezember bis April)? Auf der kurvigen, aber fantastischen Bergstrecke liegen unterwegs der Bergsee Moesola und das sehr einfach gehaltene Ausflugslokal Ospizio Passo San Bernadino mit einem großen Parkplatz. Hinter San Bernadino windet sich die A13 in steilen Kehren Richtung Alpensüdseite zu und trifft bei Gorduno auf die A2, von dort aus geht es weiter wie auf Streckencheck 1.

Die kaum befahrene, kurvenreiche Strecke das Tarotal entlang Richtung Küste bietet eine entspannte Cruisinglandschaft und zahlreiche Tempolimits, die der Campergeschwindigkeit gerade recht kommen. Weniger geruhsam geht es auf der nachfolgenden Strecke zu: Die A12 Richtung Livorno ist zu jeder Tages- und Nachtzeit gut frequentiert, Staus sind allerdings selten.

Noch Zeit? Dann schau in Pisa vorbei! Ein perfekter Stellplatz für einen Tag ist der eine halbe Stunde Fußmarsch vom Zentrum entfernte **Parcheggio**

Camper Via di Pratale mit automatischer Schranke *(Via di Pratale 76, Pisa, pisamo.it/wp/parcheggi-camper-via-pratale)*. Direkt am Meer liegt der **Campeggio Pineta** *(Via delle Mimose 12, Calambrone, camping-pineta.it)* eine knappe Camperviertelstunde vom Hafen entfernt und ideal, wenn du eine frühe Fähre erwischen willst.

Insider-Tipp

Toskana-feeling

*Das **Weingut Montaionicono** liegt kurz vor Florenz und bietet Agricampeggio-Stellplätze, lecker Abendessen und Selbstgekelterten (Via Montaioncino | Empoli | montaioncino.it).*

Von der Autobahn biegst du nach Livorno ab, hinter der Mautstation dann auf die SS1 Aurelia. Die Ausschilderung „Porto" führt dich auf die wenig attraktive, schnurgerade Zufahrtsstraße „Via dei Canali" Richtung Hafen, Abfahrt „Stazione Marittima/Imbarco Passeggeri". Kurz leitet dich die Straße durch das industrielle Hafenviertel bis zum Kreisverkehr der Zollstation „Varco Imbarco Passegeri", wo man dich auf die richtige Hafenzufahrt einweist. Ticket griffbereit halten!

4 STUTTGART BRIG SAVONA KORSIKA

Von Stuttgart bis Göschenen auf der Schweizer A2 folgt die Tour dem Streckencheck 2. Von Göschenen geht es auf die N19. Der Furkapass führt von Realp im Kanton Uri nach Oberwald im Kanton Wallis – streckenweise 11 % Steigung, aber mit Womos gut befahrbar (Anhänger verboten). Auf 2429 m ü. M. keuchst du den Berg hinauf. Auf Höhe des Hotels Belvédère kannst du an den Rhônegletscher spazieren.

Durch das Rhônetal bis nach Brig, dort auf die A9, die in eine gut ausgebaute Landstraße ausläuft. Weiter über den Simplonpass und die Grenze bei Paglino. Vorbei an Domodossola und bei Gravellona-Toce auf die A26. Schon müde? Dann machst du am besten einen Zwischenstopp am Lago Maggiore, wo sich schon allein auf dem piemontesischen Westufer mehr als 30 Campingplätze anbieten. Schön terrassiert am Hang über dem See liegt der Stellplatz **Area Sosta Camper – Oggebbio** *(Via Martiri Oggebiesi 24 | Oggebbio)*.

Vorbei an Vercelli und Alessandria nach Voltri, dort die Küste entlang bis Savona-Vado Ligure. Der Fährhafen von Corsica Ferries ist gut ausgeschildert. Fähre verpasst? Gleich in Hafennähe liegt der praktische Stellplatz **Area Camper Le Traversine** *(Km. 579, SS1 Aurelia | satservizi.org/content/area-camper-le-traversine)*.

MÜNCHEN BRENNERPASS LIVORNO KORSIKA

Die Brennerroute ist für Reisende aus der Ost- und Südosthälfte Deutschlands sowie natürlich für Österreicher die schnellste Route Richtung Korsika – mit Zielhafen Livorno. Angenehmer Nebeneffekt: Die Fähren von Livorno nach Bastia überqueren das Tyrrhenische Meer aufgrund der geringeren Distanz in sechs bis acht Stunden. Außerdem gibt es zahlreiche schnelle Tagesüberfahrten, bei denen du auf die Kabine gut und gerne verzichten kannst. Kaum Verkehr am Brenner, schnelles Durchkommen durch Südtirol – es gibt ein paar mehr Argumente, die selbst Reisende aus dem Westen und Südwesten Deutschlands auf diese Route locken.

Nach München führt dich zunächst die A8, dann geht es ab Autobahndreieck Inntal – Grenzübergang Kiefersfelden (Österreich) über die A93, auf der vor allem zu Ferienzeiten mächtig Verkehr herrschen kann. Weiter nach Innsbruck (A12) und über den Brennerpass Richtung Verona auf die italienische Autostrada del Brennero (A22). Vom einfachen Stellplatz bis zum Komfortplatz mit privatem Badhäuschen auf Hotelniveau verwöhnt dich der **Moosbauer** außerdem mit Restaurant und Pool *(Meranerstr. 101 | Bozen | moosbauer.com)*. Dank eines automatischen Schrankensystems kannst du auch im **Caravan Park Kalterer See** kurz oder lange stehen bleiben *(St. Josef am See 18a | I-Kaltern | caravanpark-kalterersee.it)*. Um die staugefährlichen Großstädte Bologna und Florenz zu umfahren, machst du bei Modena am besten einen Schlenker Richtung Norden auf die Strecke mit dem wohlklingenden Namen „Auto-strada del Sole" (A1), dann hinter Parma auf die Autostrada A15. Von dort weiter wie Streckencheck 3.

AB AUF DIE INSEL

Sicher schaukelt Corsica Ferries dein Womo gen Bastia.

Adventure Kids

Experten-Check von PaulCamper

Coole Spiele für lange Fahrten

Ich packe meinen Koffer

Der Erste startet mit dem Satz „Ich packe meinen Koffer und nehme mit ..." und nennt einen Gegenstand. Reihum fügt ihr nun immer eine weitere Sache hinzu, müsst aber immer alle anderen bisher genannten Dinge davor aufzählen. Wer sich irrt, scheidet aus. Wie viele Dinge schafft ihr, in euren Koffer zu packen?

Wort an Wort

Ein Mitspieler beginnt, indem er ein Wort nennt. Legt euch dabei auf eine Kategorie fest: Tiere, Berufe oder Orte. Wenn ihr euch auf Tiere einigt, könnt ihr zum Beispiel mit „Elefant" anfangen. Der nächste Spieler muss dann ein Tier mit dem letzten Buchstaben dieses Worts nennen, hier mit t, zum Beispiel „Tiger". Ihr könnt es noch ein bisschen schwieriger machen, indem ihr zusammengesetzte Wörter nutzt. Zum Beispiel „Bauherr" – „Herrenhaus" – „Haustür" und so weiter. Wem nichts mehr einfällt, scheidet aus.

Korsische Geschichten erfinden

Erfindet gemeinsam eine Abenteuergeschichte (oder auch ganz viele)! Einer von euch denkt sich den Beginn der Geschichte aus. Der Nächste knüpft dann dort an, wo der Erste aufhört, und erzählt weiter. Solange, bis ihr zu Ende erzählt habt. So geht es los: Es war einmal ein Seefahrer, der hatte einen schwarzen Bart und ein Holzbein ...

Entdeckungsreise Korsika

Welchen Tieren bist du im Urlaub bereits begegnet?

- ○ Feuersalamander
- ○ Wildschwein
- ○ Ziege
- ○ Geier
- ○ Kuh am Strand
- ○ Seeigel

Das Korsika-Quiz

1. Zu welcher Nation gehört Korsika und welche Sprache wird hier gesprochen?

Frankreich, Französisch

2. Wie heißt die Insel, die im Süden, also unter Korsika liegt?

Sardinien

3. Von welchem Meer ist Korsika umgeben?

Mittelmeer

4. Welches berühmte Getränk wurde auf Korsika erfunden? A) Eistee, B) Coca-Cola , C) Fanta

Coca-Cola

Hast du schon mit Taucherbrille und Schnorchel die Unterwasserwelt von Korsika entdeckt? Welche Fische oder Meerestiere hast du gesehen? Zeichne sie hier.

Gut zu wissen

Ablassen & Nachfüllen

Fast alle Campingplätze bieten Camperservice mit Grauwasser- und Toilettenentsorgung sowie Frischwasser *(aire de vidange)*. Allerdings nicht die wenigen Parkplätze, an denen das Stehen über Nacht erlaubt ist.

Ärztliche Versorgung & Gesundheit

Mit der Europäischen Krankenversicherungskarte EHIC hast du Anspruch auf medizinische Versorgung. Wie die Einheimischen musst du aber Behandlungen und Medikamente in der Regel vor Ort bezahlen. Die Quittungen kannst du bei der Krankenkasse im Heimatland einreichen. Reisenden aus der Schweiz ist besonders zu empfehlen, vor Reiseantritt eine Reisekrankenversicherung abzuschließen.

NOTFALLNUMMERN

Rettungsdienst/Feuerwehrr: 112
Polizei: 17
Notarzt und Rettungswagen: 15
Feuerwehr: 18
Zentraler Sperr-Notruf Ausland für Debitkarten, Kreditkarten und Onlinebanking: +49 116 116 (Bankleitzahl, Kontonummer, Kreditkartennummer bereithalten)

Ausrüstung

Für das Sportparadies Korsika brauchst du auf jeden Fall Wanderschuhe, für Flussbadestellen und Kieselstrände Badeschuhe und immer eine warme Sportjacke, da es auch im Sommer in den Bergen kühl werden kann. Schnorchelfans dürfen die Taucherbrille nicht vergessen und SUP- und Kanu- oder Kajakfans können ihre Ausrüstung so richtig abnutzen!

Diplomatische Vertretungen

Deutsches Generalkonsulat/Marseille: Place de la Joliette 10, Les Docks, Hôtel de Direction, 1er Etage | Marseille | Tel. 04 91 16 75 20 | *allemagneenfrance.diplo.de/fr-de/vertretungen/generalkonsulat3*

Botschaft der Republik Österreich: Rue Fabert 6 | Paris | Tel. 01 40 63 30 90 | *bmeia.gv.at/oeb-paris*

Schweizer Konsulat/Ajaccio: Cours Lucien Bonaparte | Ajaccio | Tel. 495 21 28 43 | ajaccio@honrep.ch

Fähren

Es lohnt sich, die Preise der Fährgesellschaften Corsica Ferries und MOBY Lines im Auge zu behalten. Vor allem in der Hauptsaison und mit langen Gefährten und Gespannen hast du ohne Vorbuchung keine Chance, auf die Insel zu kommen. Wer flexibel sein will, sollte vor Abfahrt noch schnell online auf den Websites der Fährgesellschaften reservieren, denn die Vor-Ort-Buchung am Hafen bringt keine Punkte! Unbedingt über die Originalwebsites und nicht über Vergleichsseiten buchen, denn dann bekommst du Originaltickets, die nicht am Hafenbüro eingetauscht werden müssen!

Bei der Buchung solltest du unbedingt alle Längenangaben inkl. Auf- und Anbauten ehrlich angeben, denn es wird gerne mal nachgemessen! In der Nebensaison musst du mindestens eine Stunde, zur Saison besser eineinhalb Stunden vor Abfahrt am Hafen sein.

Einen praktischen Service bietet MOBY mit dem Night Tarif: Von Mitte Mai bis Ende September kannst du schon am Vorabend bis 23:30 Uhr im italienischen Livorno einchecken, an Bord parken und in einer Kabine übernachten. Am Morgen geht es dann ungestört ab nach Bastia. Das ist ein weitaus stressfreieres Procedere, als in aller Frühe vom Stellplatz aufzubrechen!

Beim Auffahren auf die Fähre besser noch kurz Durchatmen und sich nicht von der wilden Winkerei der Einweiser stressen lassen. Die Rampe auf die Fähre kann recht steil sein, dann besser schräg auffahren und sich dicke Taue als Puffer vor die Reifen legen lassen. Alle Fährgesellschaften bieten vergleichbaren Standard an: An Bord gibt es Restaurants, Bars und manchmal einen Poolbereich. Übernachten im Wohnmobil ist nicht erlaubt, da die Garage vor Abfahrt geräumt werden muss.

WAS KOSTET WIE VIEL?

Café Crème 2,50 €

Eis je nach Größe der Tüte ab 2,50 €

Pizza Margherita in der Campingplatzpizzeria 10 €

eine Flasche Wein aus der Region 15–25 €

Liegestuhl am Strand außerhalb der Hochsaison 20 €/Tag

1 l Diesel 1,60–1,75 €

Gas & Strom

Auf dem Campingplatz sind mindestens 50 Meter Verlängerungskabel sinnvoll, da Stromsäulen ganz schön weit von deinem Stellplatz stehen können. Ein Adapterkabel für Frankreich und CEE bekommst du auch im Campingplatzsupermarkt.

Deutsche und französische Gasflaschen sind nicht kompatibel. Am besten du nimmst zwei graue Flaschen aus Deutschland mit, das reicht für den Durchschnittsurlaub. Um die französischen Leih-Gasflaschen, die es an jeder Tankstelle oder Dorfladen gibt, zu verwenden, benötigst du Zwischenstücke.

Geld & Kreditkarten

Geldautomaten findest du in allen größeren Ortschaften und an der Post. Die gängigen Kreditkarten *(Carte Bleue)* werden von sehr vielen Campingplätzen, Restaurants, Tankstellen und fast allen Geschäften auch für Kleinbeträge akzeptiert.

Häfen & Flughäfen

Ab den italienischen Häfen Genua (MOBY) oder Savona (Corsica Ferries) starten die teuren, langen Nachtüberfahrten nach Bastia oder L'Île-Rousse. Die Strecken ab Toulon, Nizza (Corsica Ferries) oder Marseille (Corsica Linea) sind nur interessant, wenn du auch in Südfrankreich vorbeischauen möchtest. Die Rennstrecke nach Korsika startet ab Livorno mit Tagfähren nach Bastia und günstigen Preisen. Kabinen sind bei Nachtfähren komfortabel, aber keine Pflicht. Ganzjährige Linienverbindungen nach Sardinien bietet MOBY (Bonifacio – Santa Teresa Gallura).

Die Hafenstädte auf dem Festland haben alle Bahnanschluss, auf Korsika alle bis auf Porto-Vecchio. Auf der Insel existiert nur eine Hauptlinie der korsischen Eisenbahnen von Bastia nach Ajaccio mit Abzweig nach Calvi. Infos und Fahrpläne von Zügen und Überlandbussen: *corsicabus.org*

Von Ostern bis Oktober gibt es Direktflüge nach Bastia von easyjet (Berlin, Basel) und Eurowings (Berlin, Köln, Düsseldorf, Köln, Stuttgart) sowie Lufthansa (München und Frankfurt). easyjet fliegt von Basel außerdem nach Calvi und Ajaccio, Eurowings wöchentlich von Köln nach Calvi. Rhomberg Reisen *(korsika.com)* bietet Charterflüge. Außerhalb der Saison ist meist Umsteigen angesagt: Air France bietet günstige

Preise ab Frankfurt, Berlin, Hamburg, Düsseldorf, Wien und Zürich.

Hunde

Wenn du mit deiner Fellnase reist, achte darauf, eine Hundekabine auf der Fähre zu buchen. Einen Maulkorb solltest du auf der Fähre zumindest griffbereit haben. Ein gültiger EU-Heimtierausweis ist ebenfalls Pflicht!

Auf den meisten Campingplätzen werden Vierbeiner akzeptiert, müssen aber an die Leine. Hunde dürfen an die meisten Strände (wo kein Schild, da auch kein Verbot, aber manchmal gilt Leinenpflicht). Eine Ausnahme bilden die Strände rund um Calvi und L'Île-Rousse sowie Ajaccio. Mit deinem vierbeinigen Liebling reist du am besten in der Nebensaison, da es im Sommer von Juni bis September schlicht zu warm für das dicke Hundefell ist.

REISEZEIT & WETTER

Die klassische Campersaison ist von Ostern bis Oktober, dann sind auch die meisten Campingplätze geöffnet. Die Badesaison beginnt ungefähr Mitte Mai und dauert bis Ende September, das Meer hat aber stellenweise und vor allem rund um Porto-Vecchio und Propriano noch bis in den Oktober hinein angenehme Temperaturen. Von Ende Juni bis Ende August ist Hochsaison. Der Juli ist der mit Abstand heißeste Monat des Jahres, vor allem in der zweiten Monatshälfte ist also vor allem Strandurlaub und früh aufstehen angesagt, wenn es in deinem Campermobil schon früh morgens sehr heiß wird – auch in den Bergen. Von November bis März gilt Winterreifenpflicht auf den Bergpässen.

Internet, Handy, Netzabdeckung, Post & GPS

Viele Campingplätze verfügen über kostenloses WLAN zumindest im Rezeptionsbereich. Die Handy-Netzabdeckung an der Küste ist gut, in den Bergen gibt es aber viele netzfreie Zonen. Deswegen die Navisoftware besser offline auf das Handy laden! Porto für Briefe und Postkarten ins europäische Ausland bei Redaktionsschluss: 1,50 €.

Vorwahlen: Deutschland 0049, Österreich 0043, Schweiz 0041. Innerhalb Frankreichs muss die Null am Beginn von Festnetznummern weggelassen werden. Seit EU-weit die Roaminggebühren abgeschafft wurden, lohnt sich eine französische Prepaidkarte nicht mehr.

Maut & Vignetten

Autobahnvignetten sind auf der Durchfahrt durch Österreich und die Schweiz Pflicht, auf dem französischen und italienischen Festland kann an Mautstellen bar gezahlt werden. Auf Korsika gibt es keine mautpflichtigen Straßen.

Toiletten

Korsische Campingplatztoiletten sind nicht immer sauber, das liegt leider an den oft anarchischen Zuständen in der Hochsaison. Auf kleinen Plätzen rücken zudem nicht stündlich Putztrupps aus, um Schadensbegrenzung zu betreiben. Deshalb solltest du immer ein paar Feuchttücher dabeihaben. Die solltest du wiederum nicht ins Klo werfen, denn sie sind nicht biologisch abbaubar. Hochwertige, teure Campingplätze haben hingegen Sanitärtrakte auf Hotelniveau.

Verkehrsregeln & Tanken

Die Verkehrsvorschriften auf Korsika sind – zumindest auf dem Papier – weitgehend mit den deutschen identisch. Die Korsen haben einen erstaunlich modernen und hochmotorisierten Fuhrpark, der auch ausgefahren wird – vor allem auf den Kurvenstrecken der Insel. Deswegen, wo immer sich die Möglichkeit bietet, rechts ranfahren und überholen lassen! Die Höchstgeschwindigkeit beträgt in Ortschaften 50, auf Landstraßen 80, auf ausgewiesenen Schnellstraßen 110 km/h.

Jeder noch so kleine Weiler hat in Korsika eine Tankstelle! An vielen steht außerhalb der Öffnungszeiten ein Tankautomat bereit, der mit Kreditkarte oder selten mit Geldscheinen funktioniert. Immer wieder gibt es aber Probleme mit ausländischen Bankkarten, oft funktioniert hingegen das Bezahlen mit dem Handy.

Vorbuchen

Viele Campingplätze auf der Insel nehmen für Stellplätze keine Vorausbuchungen an – da hilft es nur, am selben Tag anzurufen, Plätze abzuklappern und im Zweifel Schlange zu stehen. Vor allem an der Ostküste sind die großen Plätze heißbegehrt und nehmen im Sommer nur die ersten Anwärter auf. Bei kleinen Plätzen hast du oft mehr Glück! In der Nebensaison sind die Platzgutscheine inklusive Fährpassage von *korsika-wohnmobil.com* ein gutes Pauschalangebot.

Wildcampen & Stellplätze

Freistehen ist auf Korsika ein absolutes No-Go und wird auch von den Einheimischen nicht toleriert. Im besten Fall wirst du mitten in der Nacht durch lautes Hupen geweckt, aber auch härtere Gangarten gegen Wildcamper hat es schon gegeben. Willst du es trotzdem riskieren, gilt der Wildcamperkodex: Den Platz sauber zu hinterlassen, Müll mitzunehmen ist Ehrensache und illegales Entsorgen geht gar nicht! Klassische Stellplätze gibt es auf Korsika nur eine Handvoll. Wer dennoch sein Glück versuchen will, kann sein Freisteherglück auf der Website der internationalen Camper-Community *park4night.com* selbstentdeckte Stell- und Parkplätze entdecken – auf eigene Gefahr!

Insider-Tipp

Problemlos parkieren

Auf homecamper.de bieten viele Korsen ihre Privatgelände gegen eine geringe Gebühr als Stellplatz im familiären Ambiente an.

Zoll

Frei ein- und ausgeführt werden dürfen innerhalb der EU alle Waren für den persönlichen Gebrauch. Richtmengen hierfür sind u. a. 800 Zigaretten und 10 l Spirituosen. Für Schweizer gelten erheblich geringere Freimengen, u. a. 5 l Wein und 1 l Spirituosen.

POOLPOSITION

Wo erwischt man den schönsten Sonnenuntergang – auf Korsika gibt es dafür unzählige Möglichkeiten.

Feste & Events

STILLGESTANDEN

Zu Ehren Napoleons werden in Ajaccio am Geburtstag des Kaisers Paraden abgehalten.

März/April

Karfreitag (Calvi, Corte und Sartène): Der Ostertanz *Granitula* in Corte und Calvi geht auf heidnische Traditionen zurück. In Sartène trägt ein Auserwählter ein schweres Holzkreuz während der *Catenacciu*-Prozession durch die dunklen Gassen der Altstadt.

Mai

A Fiera di u Casgiu (Venaco): Alles Käse in Venaco! Bei dem Bergfest Anfang Mai dreht sich alles um traditionelles Handwerk und die klassischen Rohmilch- und Hartkäsesorten der Insel.

Juni

Saint-Erasme (Ajaccio, Propriano, Bastia, Bonifacio): In den großen Hafenstädten findet am 2. Juni für den Schutzheiligen der Fischer eine Hafenprozession statt. Danach gibt's natürlich: Fisch!

Cavall'in festa (Corte): Reiterparaden, Reiterturniere: die ganze Bandbreite des Pferdesports, gepaart mit familiärem Flair und Kinderspielen, gibt es am zweiten Juni-Wochenende in der heimlichen Hauptstadt der Insel zu erleben.

Juli

Calvi on the Rocks: Party am Strand, DJs im Sand: Die *Paillotes* am endlos langen Traumstrand von Calvi sind tagsüber Tanzfläche und abends wird in den Bars und Kneipen am Hafen weitergerockt. *Facebook: calviontherocks*

Insider-Tipp

Feuerwerk for free

Große Feuerwerke und Konzerte finden auf den Plätzen der Städte von Bonifacio, Porto-Vecchio, Bastia, Ajaccio und Calvi am Abend des 14. Juli statt.

Nuits de la Guitare (Patrimonio): hochkarätig mit korsischen und internationalen Gästen besetztes Musik- und Gitarrenfestival. *festival-guitare-patrimonio.com*

August

Journées Napoléonniennes (Ajaccio): Zum Geburtstag Napoleons am 15. August feiert die Kaiserstadt ihren berühmten Sohn am 14. Und 15. August mit einer Historienparade und einem großen Feuerwerk.

September

Rencontres de Chants Polyphoniques (Calvi): Stars der mehrstimmigen Weltmusik kommen alljährlich in der zweiten Septemberwoche zu einer Konzertreihe in die Zitadelle der Hafenstadt. *Facebook: Rencontrespolyphoniquescalvi*

Oktober

Tour de Corse Historique (ganz Korsika): Am ersten Oktoberwochenende kurven herrlich hergerichtete Fahrzeugikonen über die korsischen Straßen. Die Oldtimerparade, die einmal um die Insel führt, ist frankreichweit bekannt! *tourdecorse-historique.fr*

Dezember

Foire de la Châtaigne (Bocognano): Diese Gastromesse findet Mitte Dezember in Korsika statt! Die Korsen essen Kastanien vor allem im Winter – im Sommer wird das frisch gemahlen besonders leckere und in Kuchen, Torten oder Pulenta verarbeitete Mehl für die Touristen serviert.

FEIERTAGE

1. Jan. Jour de l'An (Neujahr)

Lundi de Pâques (Ostermontag)

1. Mai Fête du travail (Tag der Arbeit)

8. Mai Fête de la Victoire (Kriegsende 1945)

Lundi de Pentecôte Pfingstmontag

14. Juli Fête Nationale de la France (Französischer Nationalfeiertag)

15. Aug. Assomption (Mariä Himmelfahrt)

1. Nov. Toussaint (Allerheiligen)

11. Nov. Armistice (Waffenstillstand von 1918)

25. Dez. Noël (Weihnachtsfeiertag)

Camper-Packliste

CAMPINGAUSRÜSTUNG

- ○ Gasflasche (und ev. Gasinhaltsmesser)
- ○ Frischwasserkanister
- ○ Abwasserschlauch
- ○ Kabeltrommel
- ○ Campingstromadapter
- ○ Auffahrkeile oder Holzbretter als Stütze
- ○ Sanitärflüssigkeit für Campingtoilette (falls vorhanden)
- ○ Toilettenpapier
- ○ Campingstühle und -tisch
- ○ Markise und Vorzelt
- ○ Heringe und Gummihammer
- ○ Handfeger und Schaufel
- ○ Decke und Kopfkissen, alternativ Schlafsack
- ○ Wäscheleine und -klammern
- ○ Campingleuchte oder Laterne
- ○ Taschenlampe oder Stirnlampe
- ○ Taschenmesser
- ○ Duct-Tape
- ○ Handwaschmittel
- ○ Mückenspray, Sonnencreme
- ○ Nagelset (inkl. Pinzette)

Zusätzlich

- ○ MARCO POLO Straßenkarte(n)
- ○ Grill (Koffergrill oder Gasgrill)
- ○ Hängematte
- ○ Decke
- ○ Kartenspiele
- ○ Mehrfachsteckdose
- ○ USB-Adapter für Zigarettenanzünder
- ○ Powerbank

SICHERHEITSAUSRÜSTUNG

- ○ Reiseapotheke
- ○ Verbandskasten (Ablaufdatum beachten)
- ○ Warndreieck und -weste (1 pro Person)
- ○ Feuerlöscher
- ○ Ersatzreifen
- ○ Wagenheber und Radkreuz
- ○ Ersatzkanister und Einfüllstutzen
- ○ Motoröl
- ○ Starthilfekabel
- ○ Abschleppseil
- ○ Werkzeugkasten
- ○ evtl. Ersatzglühbirnen und -sicherungen

CAMPINGKÜCHE

- ○ Küchenutensilien
- ○ Kühlbox (wenn kein Kühlschrank eingebaut)
- ○ Töpfe, Pfannen
- ○ Besteck inkl. Kochlöffel, Teller, Tassen, Gläser
- ○ (Brot-, Schneide-) Messer
- ○ Tupperdosen (für Reste)
- ○ Sieb
- ○ Reibe
- ○ Dosenöffner
- ○ Flaschenöffner, Weinöffner
- ○ Alufolie
- ○ Schere
- ○ Geschirrtücher, Spülmittel, Lappen, Küchenrolle
- ○ Topflappen
- ○ Müllbeutel
- ○ Kaffeekocher
- ○ Feuerzeug, Streichhölzer

NAHRUNGSVORRAT

- ○ Salz & Pfeffer, Gewürze (z. B. in kleinen Gläsern)
- ○ Öl, Essig
- ○ Kaffee, Tee
- ○ Müsli, Cornflakes
- ○ Brot, Aufstriche
- ○ Vorratslebensmittel (Nudeln, Reis, Linsen)
- ○ Gemüsekonserven: Tomaten, Mais, Kidneybohnen
- ○ Notration Essen (z. B. Dosenravioli)
- ○ Getränke

Fahrzeug-checkliste

LÄNGERFRISTIG

- ○ Gasprüfung gültig?
- ○ Grüne Versicherungskarte gültig?
- ○ HU/AU (Haupt- und Abgasuntersuchtung) gültig?
- ○ Auflaufbremse geprüft (Fachwerkstatt)?

MITTEL- & KURZFRISTIG

- ○ Was tanken (Benzin/Diesel)?
- ○ Beladungsgrenze/-zustand?
- ○ Welche Reifen für die Destination nötig?
- ○ Winter- bzw. Sommerreifen montiert?
- ○ 12-V-Kabel vorhanden?
- ○ Profiltiefe der Reifen gecheckt?
- ○ Ölstand gecheckt?
- ○ Kühlmittelstand gecheckt?
- ○ Reifendruck gecheckt?
- ○ Öl, Kühlwasser und AUS 32/AdBlue bei Dieselmotor zum Nachfüllen vorhanden?
- ○ Ladezustand Starterbatterie und Wohnraumbatterie gecheckt?
- ○ Toilette an Bord und entleert?
- ○ Wassertank vorhanden und gefüllt?
- ○ Wasserpumpe funktioniert?
- ○ Gasvorrat vorhanden?
- ○ Markise/Sonnensegel/Regenalternative vorhanden?
- ○ Vorzelt nötig?
- ○ Wohnwagen: Elektrostecker funktionieren (Bremslichter und Co)?

VOR DER ABFAHRT

- ○ Dachluke geschlossen?
- ○ Fenster zu?
- ○ (Stand-)Heizung aus?
- ○ Markise eingefahren und gesichert?
- ○ Kühlschrank verriegelt und auf 12 V umgestellt?
- ○ Alles vom Tisch geräumt und gesichert?
- ○ Schubladen/Schränke sicher geschlossen?
- ○ Tische und Stühle sicher verstaut?
- ○ Herdabdeckung zu?
- ○ Gasventil geschlossen?
- ○ 230-V-Kabel getrennt und eingepackt?
- ○ Wasserpumpe abgeschaltet?
- ○ Abwassertank geschlossen?
- ○ Trittstufe eingefahren?
- ○ Stützen eingefahren und Keile verstaut?
- ○ Wassertankdeckel verschlossen?
- ○ Handbremse gelöst?
- ○ Heckgarage abgeschlossen?
- ○ Alle Mitfahrer inklusive Hund an Bord?

Dann kann's losgehen!

Camper-Wörterbuch Französisch

Höflich sein

Hallo / Tschüss Bonjour / Au revoir
Danke / Bitte Merci / S'il vous plaît
Entschuldigung Excusez-moi!
ja / nein oui / non
Wie heißt du / Wie heißen Sie? Quel est ton nom? / Quel est votre nom?
Mein Name ist ... Je m'appelle ...
Wie geht es dir / Ihnen? Comment vas-tu / allez-vous ?

Beim Einkaufen

Bäckerei boulangerie
Bank banque
bar / Kreditkarte espèces / carte de crédit
Einkaufszentrum centre commercial
Markt marché
Metzgerei boucherie
Supermarkt supermarché
Ich möchte ... / Ich suche ... Je voudrais ... / Je cherche ...
Wie viel kostet das? Combien cela coûte-t-il?

Einkaufsliste

Alufolie feuille d'aluminium
Bier / Wein bière / vin
Brot / Brötchen pain / petit pain
Butter / Margarine beurre / margarine
Essig / Öl vinaigre / huile
Eier œufs
Fisch viande
Fleisch poisson
Gemüse / Obst légumes / fruits
Käse / Wurst fromage / saucisse
Kaffee / Kakao / Tee café / cacao / thé
Marmelade / Honig confiture / miel
Milch / Sahne lait / crème
Müsli muesli
Nudeln / Spaghetti pâtes / spaghetti
Salz / Pfeffer / Zucker sel / poivre / sucre
Toilettenpapier papier hygiénique
Wasser (Trinkwasser) eau potable
Ich bin Vegetarier(in) / Veganer(in) / allergisch gegen ... Je suis végétarien / végétalien / allergique à ...

Gesund bleiben

Apotheke / Arzt pharmacie / médecin
Desinfizieren désinfecter
Desinfektionsmittel désinfectant
Durchfall diarrhée
Fieber fièvre
Halsschmerzen mal de gorge
Kopfschmerzen maux de tête
Krankenhaus hôpital
Krankenwagen ambulance
Krankenversicherung assurance maladie
Pflaster plâtre
Schmerztabletten antidouleurs

Unterwegs

Abschleppen remorquage
Autobatterie batterie de voiture
Autobahn autoroute
Baustelle chantier de construction
Benzin (bleifrei) / Diesel essence (sans plomb) / diésel
Bremslicht feu stop
Ersatzreifen roue de secours
Führerschein permis de conduire
Getriebe boîte de vitesses
Luftdruck pression atmosphérique
Maut péage
Öl huile
Ölwechsel vidange
Panne / Werkstatt dépannage / atelier
Parkplatz parking
Reifen pneus
Reifenschaden dommage des pneus
Sackgasse fausse piste
Schotterstraße route en gravier
Starthilfekabel câbles de démarrage
Strafzettel contravention
Tankanzeige jauge
Tankstelle station-service
Temperaturanzeige affichage de température
Umleitung déviation
Wagenheber cric
Warndreieck triangle de signalisation
Wassertank réservoir d'eau
Werkzeug outils
Zoll douane

Auf dem Campingplatz

Abfall / Müll déchets / ordures
Ab-/Schmutzwasser eaux usées
Ankunft / Abreise arrivée / départ
Brennspiritus alcool méthylique
Campingplatz site de camping
Dosenöffner ouvre-boîtes
Dusche douche
Elektroanschluss raccordement électrique
Flaschenöffner ouvre-bouteille
Frischwasser eau douce
Gabel / Messer / Löffel fourchette / couteau / cuillère
Gasflasche / Gaskocher bouteille à gaz / cuisinière à gaz
Geschirrspülbecken évier pour lave-vaisselle
Grillen /Grillkohle barbecue / charbon de bois
Hammer marteau
Hering hareng
Hunde erlaubt / nicht erlaubt chiens autorisés / non autorisés
Internet / WLAN internet / wifi
Korkenzieher tire-bouchon
Lagerfeuer feu de camp
Leihen emprunter
Pool piscine
Rechnung facture
Rezeption réception
Schlafsack sac de couchage
Sonnencreme crème solaire
Steckdose prise de courant
Streichhölzer allumettes
Stromanschluss connexion électrique
Taschenlampe torche
Taschenmesser canif
Toilette toilette
Wäscheklammer pince à linge
Wasser (kalt/warm/heiß) eau (froide/tiède/chaude)
Wasseranschluss prise d'eau
Wohnmobil camping-car
Wohnwagen caravane
Zelt / Vorzelt tente / auvent
Zeltstange mât de tente

Urlaubsfeeling

Playlist

▶ **Ricordu – Surghjentu**
Herzzerreissende Liebesschnulze – ein Korsika-Erinnerungs-Tränendrüsendrücker.

▶ **Sintineddi – A Filetta & Slimane**
Die korsische Ballade bekommt ihren Pop-Pep durch die Stimme des französischen „The Voice"-Gewinners Slimane.

▶ **Terre d'Oru – I Muvrini**
Die bekannteste Pop-und-Traditionsband hat den Song „Fields of Gold" neu aufgenommen. Auf Korsika überall zu hören!

▶ **Mama Corsica – Patrick Fiori**
Der Schlagersänger trällerte den Schlager 1993 bei der Eurovision – für ganz Hartgesottene sogar auf Deutsch. Nur nach ein paar Gläsern Rotwein zu ertragen!

▶ **Korsika – Mireille Mathieu**
„Korsika – wo die Freiheit wohnt, wo sich Tag für Tag neu das Leben lohnt" – wo der Rotwein schon mal offen ist, darf auch dieser Gassenhauer nicht fehlen!

Den Soundtrack zum Urlaub gibt's auf **Spotify** unter **MARCO POLO France**

Lesestoff & Filmfutter

Der König von Korsika/Michael Kleeberg – Geheimagent, Hochstapler, Politiker und kaiserlicher Gesandter – Theodor Neuhoff wusste zu parlieren, zu blenden und ließ sich zum ersten und einzigen korsischen König wählen. Spannender Roman!

Asterix auf Korsika/Goscinny und Uderzo – Pflichtlektüre! Der korsische Rebell Osolemirnix nimmt Asterix und Obelix mit auf seine Heimatinsel und zeigt den Galliern, was die Korsen so mit den Römern machen. Viele witzige Einfälle samt kleiner Seitenhiebe auf die Eigenarten der Korsen.

Der Kopf des Korsen/Jean Renard – In diesem spannenden Korsikakrimi geraten zwei Pariser Sonderermittler zwischen verfeindete korsische Clans und müssen sich mit skurrilen Morden rumschlagen. Schneller Krimi mit korsischen Dickköpfen und tollen Landschaftsbeschreibungen.

Willkommen bei den Korsen – In eine Komödie verpacktes Inselklischee. Ein Pariser gerät zwischen Mafia, die hilflose Polizei, Schießereien, Explosionen und Verfolgungsjagden. Mit einem exzellenten Jean Reno, der als korsischer Separatist die Korsen mit viel Liebe aufs Korn nimmt.

Apps, Blogs, Websites & Videos

www.paradisu.ch
Keine Korsika-Urlaubsplanung ohne diese Website! Kompletter Insel- und Campingplatzführer mit endlos vielen Infos, Ausflugs- und Wandertipps.

www.visit-corsica.com
Offizielle Website des korsischen Fremdenverkehrsamts mit schönen Bildern und vielen Infos auch auf Deutsch.

Facebook-Gruppe „Camping auf Korsika"
Große aber geschlossene Social-Media-Gruppe. Schnelle Schwarmwissen-Hilfe zu allen möglichen und unmöglichen Fragen von über 8000 Mitgliedern.

www.korsika-forum.info
Großes Inselforum mit gut recherchierten Beiträgen zu Themen rund um die Insel, Campingplätze und Fährverbindungen.

Gusti di Corsica
Ziemlich komplette Apple- und Android-App auf Englisch mit Tipps und Adressen von Künstlern, Produzenten und Hofläden.

www.homecamper.de
Hausbesitzer bieten ihr Privatgelände auf Korsika gegen eine geringe Gebühr als Stellplatz an.

www.campingfrance.com
Komplettes Campingplatzverzeichnis mit Serviceinfos für Frankreich.

WEGTRÄUMEN?

Mit Playlist, Lesestoff und Filmen den Urlaub aufleben lassen.

Notizen

Register

Stell- & Campingplätze

Tour A

Tour B

Tour C

Tour D

Tour E

Anreise

Impressum

Titelbild: Camper am Strand La Tonnara (Mauritius Images/ Alamy/Blickwinkel)

Fotos: Camping Bagheera (32); Camping Olmello (48); Camping San Damiano (6, 36); iStock.com: anyaberkut (162/163), apomares (181), Bee-individual (182), Koldunov (187); Timo Lutz (11, 28, 68, 70, 76, 80, 91, 96, 100, 108, 112, 140, 169, 191); Mauritius Images: Ulrich Hagemann (18/19), Uwe Kazmeier (50); Mauritius Images/Alamy: Kasia Nowak (132); Mauritius Images/Blickwinkel/Alamy (72, 92); Mauritius Images/Hemis.fr: Michel Cavalier (124), Franck Chaput (52); Mauritius Images/ Panther Media/Alamy (167); Shutterstock.com: AsiaTravel (152), Christiane Bender (46), hassan bensliman (59), Bildagentur Zoonar GmbH (148), Eva Bocek (143), Ysbrand Cosijn (82), DisobeyArt (4/5), Balate Dorin (95), U. Eisenlohr (42), steve estvanik (86), Evannovostro (102, 118), FooTToo (178), frantisekhojdysz (121), iacomino FRiMAGES (22), Yari Ghidone (175), Natalia Hanin (156), Ivan Hlobej (16), Jon Ingall (Klappe vorn innen, 64, 84, 146), Pawel Kazmierczak (8, 27, 34, 116), PIKSL Aurelien KEMPF (15), Irina Kuzmina (78), G. Laurent (144), Vadym Lavra (54), lsantek (74), Zi Magine (17), Maleo Photography (154), Dominik Michalek (150), Mr.Moo (160), Naeblys (38), nexpo (158), nito (12), Allard One (63), Pincasso (44), pio3 (106), Risen2OO19 (Klappe hinten innen), Alexandre G. ROSA (98, 122, 130), Rolf E. Staerk (40), Randi Utnes (110), Eric Valenne geostory (139), Agent Wolf (126), Alessandro Zappalorto (134), Rudmer Zwerver (31, 60, 177)

1. Auflage 2022

Autor: Timo Lutz
Lektorat & Bildredaktion: Susanne Schleußer, derschönstesatz
Kartografie: © MAIRDUMONT, Ostfildern, unter Verwendung von Kartendaten von OpenStreetMap, Lizenz CC-BY-SA 2.0
Gestaltung Umschlag & Layout: Sofarobotnik, Augsburg & München
Übersetzung Camper-Wörterbuch: Baltic Media

Printed in Italy

Lob oder Kritik? Wir freuen uns auf deine Nachricht!

Trotz gründlicher Recherche schleichen sich manchmal Fehler ein. Wir hoffen, du hast Verständnis, dass der Verlag dafür keine Haftung übernehmen kann. Wir freuen uns aber, wenn du uns schreibst: MARCO POLO Redaktion • MAIRDUMONT • Postfach 31 51 • 73751 Ostfildern • info@marcopolo.de

MARCO POLO AUTOR

Timo Lutz

In Schwaben aufgewachsen, in Sachsen studiert und glücklich auf Sardinien gestrandet. Und doch zieht es ihn immer wieder auf die französische Nachbarinsel, auf der es ihm vor allem die alpinen Berglandschaften und die wilde Westküste rund um Porto angetan haben. Auch ein Sprung ins türkisblaue Nass vor der Strandtraumkulisse von Calvi ist auf jeder Korsikatour Pflicht!

Bloß nicht …

… den kleinen Schwarzen bestellen

Italien ist so nah – doch nur selten hält der Espresso auf Korsika, was er verspricht. Besser auf einen Milchkaffe (café au lait), Grand Crème, einen Cappuccino oder gleich auf einen Eiskaffee (café glacé oder café frappé) ausweichen!

… mit dem Womo durch die Wand wollen

Wo ein korsischer LKW durchpasst, da schafft es auch ein 8-Meter-Gefährt oder ein Gespann? Mitnichten! Die Inseltrucker sind wahre Kurvenkünstler und zwängen ihre Schwerlast entlang der geometrischen Grenzen der Straße! Wenn du nicht gerade ein Manöverakrobat bist – lass es lieber bleiben!.

BROTVORRÄTE ANHÄUFEN

Korsisches ist wie französisches Brot: fluffig, duftet lecker und am nächsten Tag meist hart wie korsischer Granit. Darum lieber morgens Frischware kaufen. Fast alle Campingplätze haben einen Bäckerservice mit tollem Brot und Croissants. Auf kleinen Plätzen früh aufstehen oder am Abend vorbestellen.

… AN SONNE OHNE REGEN GLAUBEN

Die korsischen Bergtäler sind für rasche Wetterumschwünge berüchtigt. Ein Blick zum Himmel genügt nicht! In den Zweitausendern können sich Unwetter mit Graupel und Windböen zusammenbrauen, während du nichtsahnend am Strand faulenzt. Deswegen: Besser immer Markisen und Vordächer einfahren, Regenkleidung immer zur Hand haben und in Flussläufen vorsichtig sein, da diese jeden Moment anschwellen können.

… Anhalter einfach stehen lassen

Autostopp ist auf Korsika gang und gäbe. Meistens sind es Rucksackwanderer, die ihre Tagesetappe falsch eingeschätzt haben oder ohne Erfolg auf den nächsten Linienbus warten. Manchmal ist es aber auch ein alternativer, weltbekannter Önologe, der auf diese Weise von Weingut zu Weingut tingelt und sich mit dir auf der Fahrt in tiefgründige Gespräche verwickelt. Mitnehmen ist Ehrensache!